INSIDE TÜRKIS

Klaus Knittelfelder:
Inside Türkis

Cover: Isabella Starowicz
Satz: Lucas Reisigl

Gesetzt in der Premiera
Gedruckt in Deutschland

1   2   3   4   5   —   24   23   22   21   20

ISBN 978-3-99001-403-5

KLAUS KNITTELFELDER

INSIDE TÜRKIS

DIE NEUEN *NETZWERKE* DER *MACHT*

edition a

INHALT

PROLOG

Braucht die Welt wirklich noch ein Buch mit Sebastian Kurz auf dem Cover? Über das politische Phänomen aus Wien-Meidling erschienen in den vergangenen Jahren offizielle und inoffizielle Biographien, verkitschte Hagiographien und brutale Abrechnungen; ganz zu schweigen von der Flut an Porträts aller Gattungen, die die moderne Medienwelt aufzubieten imstande ist. Das Ergebnis: Längst kennt jedes Kind Lebensgeschichte und Aufstieg des jüngsten Bundeskanzlers aller Zeiten in- und auswendig. Sebastian Kurz, das ist der anfangs von der Jungen Volkspartei (JVP) im Heimatbezirk Meidling Verschmähte. Gut erzogen in einem bürgerlichen Elternhaus, geprägt von der zwischenzeitlichen Arbeitslosigkeit des Vaters, die ein Resultat der Weltwirtschaftskrise war. Geerdet durch die Wochenenden am großelterlichen Bauernhof im niederösterreichischen Waldviertel. Sebastian Kurz, das ist der junge Mann mit dem »Geilomobil« aus dem Wiener Gemeinderatswahlkampf 2010, der es durch Zielstrebigkeit, Machtbewusstsein und eiserne Härte in Migrationsfragen bis zum Staatsbesuch als Bundeskanzler beim mächtigsten Mann der Welt ins Oval Office geschafft hat – und das alles in weniger als zehn Jahren.

Und plötzlich hat er, der 33-Jährige, mit seiner Regierung die womöglich größte Krise seit dem Zweiten Weltkrieg zu bewältigen: den Kampf gegen die Ausbreitung des Coronavirus mit all seinen verheerenden Folgen für Gesellschaft, Arbeitsmarkt und Wirtschaftsstandort. Mit einemmal hatte Kurz Entscheidungen von unfassbarer wirtschafts- und gesellschaftspolitischer Tragweite zu treffen, die alle Fragen seiner bisherigen Kanzlerschaft nachgerade lachhaft unbedeutend erscheinen ließen. Um die Ausbreitung des Virus halbwegs einzudämmen und damit das heimische Gesundheitssystem vor dem Kollaps – siehe Italien – zu bewahren, schloss die noch junge türkis-grüne Regierung für viele Wochen Schulen und Geschäfte, sie sperrte die Grenzen, verordnete Versammlungsverbote und »Ausgangsbeschränkungen«, die der Kanzler-Generation allenfalls aus Erzählungen der Großeltern geläufig waren. Auch eine Maskenpflicht wurde eingeführt. Die eigenen vier Wände, erklärte Kurz an einem denkwürdigen Samstagvormittag Mitte März 2020 im Kanzleramt, dürfe man auf unbestimmte Zeit nur noch in Ausnahmefällen verlassen.

Erst gab Kurz an diesem Tag die erste große Corona-Pressekonferenz, später empfing er in seinem Büro noch ein paar Journalisten, im aufgekrempelten weißen Hemd und übermüdet von den kurzen Nächten der neuen Krise saß er da und sprach von »Krankheit, Leid und Tod«, die das Virus über uns alle bringen würde. Im Hintergrund wachten seine Pressesprecher Johannes Frischmann und Etienne Berchtold, nebenan bastelte sein Kabinettschef Bernhard Bonelli mit Kurz-Chefberater Stefan Steiner und Spindoctor Gerald Fleischmann an der weiteren Krisenstrategie. Vor Bonelli lagen die Eckpunkte des von ihm entworfenen und

historischen Gesetzespakets, das schon am nächsten Tag —
einem Sonntag! — in einer Sondersitzung das Parlament
passieren sollte: Antrag 396/A vom 14. März 2020, so harm-
los lautete tags darauf der Name des Papiers, das lediglich
zehn Seiten umfasste, aber das mit Abstand Drastischste
war, was Politiker in diesem Land seit Jahrzehnten umgesetzt haben. Abgesehen von einem Corona-Krisenfonds für
den Standort, der in den folgenden Tagen auf die astrono-
mische Summe von 38 Milliarden Euro ausgeweitet werden
sollte, wurde das gesetzliche Fundament für eine vorläufige
Teil-Entmachtung des Parlaments, Versammlungsverbote
und andere restriktive Freiheitseinschränkungen gegossen.
Fleischmann setzte derweil eine landesweite Infokampag-
ne mit Inseraten und Fernsehspots auf, die Menschen zum
Daheimbleiben motivieren sollte. Zu diesem Zeitpunkt dis-
kutierte man in Deutschland und anderen EU-Staaten noch
darüber, ob es denn wirklich notwendig sei, derart strenge
Maßnahmen wie in Österreich zu ergreifen.

Sie, die an diesem Samstag im Kanzleramt von einem
Büro zum anderen eilten, das sind die engsten Vertrauten
von Sebastian Kurz, sie sind es, die im Schatten des Kanzlers für ihn die Regierungsarbeit der großen Corona-Krise
orchestrieren. Zwar holten die Türkisen wider ihr Naturell
selbst die Sozialpartner ins Boot, auch Gesundheitsminister Rudolf Anschober von den Grünen punktete als Krisenmanager – dennoch, die Schaltzentrale des Corona-Krisen-
managements blieb das Kanzleramt. Die dort agierende

Truppe um Kurz werkte Tag und Nacht, auf mehr als drei Stunden Schlaf kam in den ersten Corona-Wochen selten jemand von ihnen. Für den Fall, dass sich Kurz selbst oder ein Mitglied seines Machtzirkels anstecken, wurde ein Szenario vereinbart, auf das selbst Produzenten von politischen Drama-Serien erst einmal kommen müssten: Beim ersten Corona-Fall der türkisen Truppe würde die ganze Kurz-Partie im Kanzleramt in Quarantäne gesteckt – um rastlos weiterzuarbeiten. Selbst Feldbetten wurden aufgestellt.

Zwar holt Kurz stets eine Reihe von Ratschlägen Außenstehender ein, in der Corona-Krise soll ihn etwa ein Telefonat mit Israels Premierminister Benjamin Netanjahu von der raschen Einführung rigider Freiheitseinschränkungen überzeugt haben. Die finalen Entscheidungen, die fallen dann aber im kleinen Kreis rund um seine politischen Lebensgefährten Stefan Steiner und Gerald Fleischmann.

Zum Zeitpunkt der Fertigstellung dieses Buches erreichte die Corona-Krise, die uns wohl noch viele Jahre beschäftigen wird, nach Wochen der Quasi-Ausgangssperre kurz vor Ostern ihren ersten Höhepunkt – und zumindest bis dahin erfuhr die Regierungsspitze für ihren Krisenkurs überwältigende Zustimmung. Abgesehen von Lob in Medien in- und außerhalb Österreichs ergab etwa eine *Gallup*-Umfrage Ende März, dass knapp neunzig Prozent der Befragten mit der COVID-19-Politik der Regierung zufrieden seien –

trotz einer Reihe kritischer Berichte über nicht gerade optimales Krisenmanagement in Tiroler Skigebieten, die eine regelrechte Corona-Drehscheibe waren. Fast alle Institute lieferten ähnliche Werte. Und kaum jemand hegte Zweifel daran, dass dies nicht zuletzt an der wieder einmal zur Perfektion aufgelaufenen türkisen Kommunikationsmaschinerie lag. Auch die Popularitätswerte von Kurz selbst erreichten lichte Höhen: 77 Prozent der Österreicher fiel der Kanzler laut *Unique Research* in den ersten Wochen der Krise positiv auf – nur jeder Zehnte fand die Performance des Kanzlers schlecht. Seine persönlichen Beliebtheitswerte erreichten im *OGM*-Vertrauensindex vom 4. April eine historische Bestmarke, die ÖVP lag laut Umfragen in der Wählergunst deutlich über vierzig Prozent.

In der Corona-Krise wurde einmal mehr offenbar, worauf der sagenhafte politische Erfolg des Sebastian Kurz beruht: Der Chef der Österreichischen Volkspartei (ÖVP) mag ein formidabler Zuhörer und ein ganz talentierter Redner sein, er verfügt über ein feines Sensorium für Stimmungen und ist zudem in außerordentlichem Maße machtbewusst. Doch das, was ihn am stärksten von seinen politischen Widersachern aus Vergangenheit und Gegenwart unterscheidet, ist seine Management-Qualität in Personalfragen. Kurz hat ein feines Gespür für die Auswahl der richtigen Leute in seinem Umfeld, sowohl bei seinen engen Mitarbeitern als auch hinsichtlich der Aufstellung seiner politischen Machtbasis. Seit vielen Jahren schart er eine verschworene

Truppe um sich, die mit ihm erfolgreich durch etliche Krisen und Ausnahmesituationen ging, von der Flüchtlingskrise bis hin zur Ibiza-Affäre. Stefan Steiner und Gerald Fleischmann sind seit fast zehn Jahren seine wichtigsten Ratgeber, das ist nun auch in der Corona-Krise so. Das Beeindruckende daran: Egal, welche Krise es zu bewältigen gab, Kurz stand hernach – bis jetzt – stets besser da als davor. Wie ist das möglich?

Die Idee, die am Anfang dieses Buches stand, war also eine andere, als eine Beschreibung des immer noch Rätsel aufgebenden Jungkanzlers: Das System Kurz soll entschlüsselt werden, indem man sich eben nicht vordergründig dem Regierungschef selbst widmet. Zur Geltung kommen stattdessen einmal jene weitgehend unbekannten Schattenmänner, mit denen er sich teils seit dem Beginn seiner politischen Karriere umgibt.

Denn allein die Auswahl seiner Vertrauten und tagtäglichen Begleiter verrät einiges über einen Menschen, und sie tut es selbst dann, wenn dieser so schwer zu begreifen ist wie Sebastian Kurz. Zudem hat diese kleine Gruppe eine ungemeine politische Relevanz, denn die professionelle Geschlossenheit des türkisen Machtzirkels ist das politische Erfolgsgeheimnis des Kanzlers. Sie ist, abgesehen davon, dass der politische Zeitgeist auf der Seite der migrationskritischen Türkisen steht, der wohl größte Wettbewerbsvorteil, den Kurz gegenüber all seinen politischen Gegnern genießt.

Ich erinnere mich noch gut daran, als Kurz in einem Gespräch mir gegenüber in der Regierungsbildungsphase 2017 bei einer ÖVP-Veranstaltung zu fortgeschrittener Stunde – wenn auch nicht unbedingt beabsichtigt – auf den Punkt brachte, was seinen politischen Erfolg mitunter ausmacht. Als wir darüber plauderten, worin er sich eigentlich von seinem damaligen Konkurrenten, SPÖ-Chef Christian Kern, unterscheidet, sagte der ÖVP-Chef nachgerade beiläufig folgenden Satz: Er, Kurz, könne im Gegensatz zu Kern seit Jahren darauf zählen und anerkennen, dass ihn Menschen umgeben, die in ihren Bereichen besser seien als er selbst und von denen er sich auch gerne überzeugen lasse. Als Beispiel nannte er die juristische und inhaltliche Expertise seines Chefstrategen Stefan Steiner, es hätte aber auch die PR-Kreativität seines obersten Spindoctors Gerald Fleischmann oder Kampagnen-Gurus Philipp Maderthaner sein können.

Einige Wochen zuvor fand Stefan Sengl, er war Kerns kurzzeitiger Wahlkampfleiter, eine nicht minder bemerkenswerte Erklärung für die Turbulenzen der SPÖ: Für einen Politiker sei es gerade in Kampagnen wichtig, in seinem Umfeld »zwei, drei gute Freunde ohne Eigeninteressen zu haben, denen man vertraut«. Bei den zerstrittenen Sozialdemokraten sei das nicht der Fall gewesen, sagte Sengl. Rund um Kern scharten sich stets mehrere Grüppchen, die alle fundamental Unterschiedliches wollten. Und die Situation hat sich für die Sozialdemokraten bis heute nicht wirklich geändert. Ob Parteichefin Pamela Rendi-Wagner noch im Amt ist, wenn Sie dieses Buch nun in Händen halten, war im Frühjahr 2020 angesichts einer laufenden Vertrauensfrage unter den SPÖ-Mitgliedern, deren Auswertung wegen der Corona-Krise auf unbestimmte Zeit verschoben wurde, ungewiss. Doch auch in der FPÖ-Spitze herrscht nach dem Rauswurf Heinz-Christian Straches längst nicht mehr die Eintracht vergangener Tage. Da gibt es den harten Kurs Herbert Kickls, den freundlicheren Kurs Norbert Hofers und eine stark dezimierte Zahl an Wählern, die sich wohl nicht so recht auszukennen vermag.

Hingegen gilt in der ÖVP nur ein Kurs, und zwar jener von Sebastian Kurz. Er verfügt, um zu Sengls ehrlicher Analyse des »Wendejahres« 2017 zurückzukommen, sogar über weit mehr als »zwei, drei« enge Vertraute ohne Eigeninteressen, die mit den seinen konkurrieren könnten. Hinter dem Kanzler steht eine seit Jahren nahezu unveränderte Partie, die Partei, Parlamentsklub und Regierung tiefentschlossen und hochprofessionell dirigiert. Die Marke Sebastian Kurz, wie wir sie kennen, ist letztendlich auch ein Produkt seines engsten Umfelds.

Denn eines ist an all den politischen Umwälzungen der jüngeren Vergangenheit schon bemerkenswert: Mit dem jüngsten Kanzler aller Zeiten wurde eine Gruppe aus jungen, extrem ehrgeizigen und nach all den Jahren fest zusammengeschweißten Neokonservativen direkt in die Schaltzentrale der Republik gespült. Und schon damals, 2017, lief die straff organisierte türkise Maschinerie, in der jeder seine Aufgaben genau kennt und von Kurz den notwendigen Raum für ihre hochprofessionelle Erledigung bekommt, längst wie geschmiert. »Jeder hat in unserem Team seinen Platz, jeder hat seine Stärke und keiner ist dem anderen einen Zentimeter neidig. So funktionieren wir.« Das sagt einer, der von Anfang an eng an der Seite von Sebastian Kurz steht: Axel Melchior, er ist mittlerweile Generalsekretär der ÖVP.

Wie Kurz aussucht, wem er vertraut? »Du hast Erlebnisse, die schweißen zusammen. Das kommt alles erst mit der Zeit.« Grundsätzlich gelte bei der Auswahl seines Umfelds eine Doktrin, erklärt der Kanzler in einem Interview, das für dieses Buch geführt wurde: »Ich will immer Leute um mich haben, die irgendetwas können, wofür ich sie bewundere.«

Alles in der ÖVP ist mithin »top down« organisiert, jede noch so kleine Weichenstellung wird an der Spitze vorgenommen – und zwar maßgeblich von einer kleinen Gruppe weitgehend unbekannter Menschen. Im türkisen System verfügen Minister und Mandatare nicht über die Eigenständigkeit vergangener Tage, für große Diskussionen in der Breite einer ganzen Gesinnungsgemeinschaft ist wenig Platz, schon gar nicht in der Öffentlichkeit. In Parlamentsklub und Ministerien zogen seit dem Jahr 2017 konsequent handverlesene Quereinsteiger ein, die allesamt allein dem Kanzler gegenüber loyal sind – und sonst niemandem im Wort stehen. Gestandene und eigensinnige Politiker, gen

Wien entsandt von Landesparteien, Bünden oder anderen Interessensgemeinschaften, wurden rar im türkisen System, fast alle Macht konzentriert sich an der Spitze von Partei und Regierung. Und zwar in der verschworenen und öffentlich nie in Erscheinung tretenden Truppe rund um Kurz. Das Ergebnis: Mittlerweile wollen Politiker aller Länder dieses offenkundig zu Wahlerfolgen führende System kopieren, von der inhaltlichen Schwerpunktsetzung über die für politische Verhältnisse extrem schnelle Entscheidungsfindung bis hin zur berüchtigten Message Control und der von Unternehmen inspirierten straffen Organisationsstruktur. Die deutsche CDU ist längst nicht mehr die einzige Partei, die bei Türkis hospitiert, um zu lernen, wie man eine moderne Volkspartei erfolgreich managt.

Dieses Buch beleuchtet das System Kurz aus der Sicht jener Köpfe, die maßgeblich dahinterstecken und Sebastian Kurz selbst durch Krisen à la Corona zu tragen scheinen. Von Inhalten über die medialen Inszenierungen bis hin zur politischen Umsetzung wird gezeigt, wie türkise Politik im engsten Umfeld des Kanzlers entsteht – und zwar stets personalisiert aus der Sicht eines Kurz-Vertrauten, der für den jeweiligen Bereich zuständig ist. Die Basis dafür waren zahllose Gespräche mit Kennern und den wichtigsten Mitgliedern des türkisen Systems – von Steiner über Fleischmann bis hin zu Melchior. Mit dem Kanzler wurde ein ausführliches Interview geführt, in dem er offen über die Rollenverteilung in seinem engsten Umfeld sprach.

Mit vielen bisher unbekannten Details wird beschrieben, wer jene Männer und Frauen zwischen Ende zwanzig und Anfang vierzig sind, die Kurz seit Jahren um sich schart, und wie sie ticken. *Inside Türkis* zeigt, wie sie, die einander teilweise schon in der Schülerpolitik kennengelernt haben, zu ihm kamen und warum, wie sie seinen Aufstieg orchestrierten und erlebten, worin ihre Aufgaben bestehen, wie sie arbeiten – und warum sie allesamt die altehrwürdige Großkoalition mit der SPÖ ablehnen.

Der zweite Teil dieses Buches widmet sich schließlich den bekannteren Gesichtern der türkisen Macht. Das sind jene Schlüsselspieler des Kurz-Kosmos, die alles im Maschinenraum des Kanzlers Ersonnene auch realpolitisch umsetzen. Aus Sicht von Gernot Blümel, August Wöginger und anderen Partei-Schwergewichten wird – abermals in einer Aneinanderreihung stark personalisierter Texte – nachgezeichnet, wie die neuen Netzwerke gesponnen sind, wer wie und wieso zu Kurz kam und worin ihr jeweiliger Anteil an seinem Erfolg besteht. Auch mit ihnen – ob Minister, Landeshauptmann, Klubchef, Nationalratspräsident oder Kammerboss – wurden für dieses Buch Interviews geführt.

Erst aus all diesen persönlichen Mosaiksteinen und Kurz-Geschichten kann letzlich ein Bild des türkisen Systems entstehen, das eine Erklärung für den Erfolg des jungen Kanzlers liefert.

Deshalb dieses Buch.

1

PARTIE STATT PARTEI:
DER KURZ-ZIRKEL

EINLEITUNG

DIE NACHT, IN DER DAS SYSTEM KURZ ENTSTAND

Wer in der Wiener Innenstadt exquisite oder einigermaßen spektakuläre Lokale sucht und im »Vino« landet, muss irgendwo falsch abgebogen sein. Die Tische der »Weinbar« sind aus dunklem Holz, Sessel und Bänke sind teils mit rotem Kunstleder überzogen, viele haben bereits tiefe Schrammen. Aus den Lautsprechern tönt Radio-Pop von Christina Aguilera bis Ricky Martin und die meisten Lampen sind in jenem irgendwann wieder modern gewordenen Retrostil gehalten, der wohl an die Beleuchtungen von Billardtischen erinnern soll. Es ist nicht gerade hell im Vino, aber die Billardlampen spenden genug Licht, um von einem Barplatz aus die Etiketten der Schnapsflaschen entziffern oder aus einer der herumliegenden Tageszeitungen lesen zu können. Auf den Tischen stehen Teelichter in grünen Ikea-Gläsern, meistens sind sie ausgebrannt. Ins Auge springen mit Ausnahme der Popcornmaschine hinter der Bar allenfalls noch Polster mit dem Logo der Wodkamarke »Martini«. Der Schinkenkäsetoast im Vino kostet 4,20 Euro, das kleine Bier 2,90 Euro, es gibt Prosecco aus der Schank und für besonders gut Aufgelegte auch Champagner der Marke Roederer in Dreiliterflaschen um 370 Euro geradeaus. Wer am Fenster oder im von Arkaden überdachten Gastgarten des Vino sitzt, hat einen guten Blick auf das

Wiener Rathaus, den Rathausplatz und den dazugehörigen Park. Im Hintergrund ist das Burgtheater zu erahnen.

Das einzig Besondere am Vino ist, wenn überhaupt, seine Stammkundschaft. Weil das Lokal nämlich exakt zwischen Rathaus und der Bundesparteizentrale der Österreichischen Volkspartei liegt, bevölkern es mit Vorliebe Politiker und ihre Mitarbeiter. Freiheitliche halten sich dort, im Lokal des ihnen nicht gerade feindlich gesinnten Promi-Wirten Heinz Pollischansky, ganz gerne auf, das weiß seit dem Herbst 2019 die halbe Republik: Denn Heinz-Christian Strache hielt im Vino jene Pressekonferenz ab, in der er kurz vor der Nationalratswahl 2019 verkündete, dass er sich jetzt aber wirklich und endgültig aus der Politik zurückziehen würde, um weiteren Schaden von seinen Freiheitlichen abzuwenden.

Vor allem aber ist das Vino ein beliebter ÖVP-Treffpunkt. Das Lokal wurde einst von der ÖVP ins Leben gerufen, sie ist auch der Hauptmieter des Gebäudes. Es ist nicht lange her, da konnte man aus der alten Parteizentrale der Wiener ÖVP direkt ins Vino – das damals noch »Wieno« hieß – wechseln, die Schwarzen hatten auch einen Schlüssel für das Lokal. Das Vino war also seit jeher Stammbeisl und verlängertes Wohnzimmer der Österreichischen Volkspartei.

So war das auch schon im Jahr 2011, genauer gesagt, am frühen Abend des 18. April 2011. Allein, die Stimmung war an diesem Abend ziemlich getrübt. Der Grund: Wenige Tage zuvor war der letzte große Hoffnungsträger der ÖVP,

Josef Pröll, überraschend zurückgetreten. Die Partei stürzte in Umfragen auf einen historischen Tiefstand von 22 Prozent ab – Tendenz fallend. Damit lag sie weit hinter der Kanzlerpartei SPÖ und sogar hinter den Freiheitlichen. Der ÖVP hingen zu allem Übel auch noch Korruptionsaffären wie jene um Ex-Innenminister Ernst Strasser nach. »Der Tenor in der Bevölkerung war«, erinnert sich der damals zum Parteichef aufgestiegene Michael Spindelegger, »dass die ÖVP eine korrupte Partei ist«. Mehr noch: »Selbst meinen Kindern in der Schule wurde damals gesagt, dass ihr Vater ja auch einer von den Korrupten ist.« Und in die Offensive vermochte die ÖVP angesichts der ungeliebten Rolle als Juniorpartner in der Großen Koalition auch mit dem Obmannwechsel von Pröll auf den bisherigen Außenminister Spindelegger nicht zu kommen. Spindelegger: »Es war eine dramatische Situation, so etwas habe ich vorher und nachher in der ÖVP nicht erlebt.«

So war sie also, die politische Lage, an diesem Abend des 18. April, als unter anderem Stefan Steiner, Philipp Maderthaner und Fritz Kaltenegger im Vino eingekehrt waren. Alle drei hatten wichtige Rollen in der Pröll-ÖVP. Steiner war »politischer Direktor« der Bundespartei, will heißen: Der damals gerade einmal 32-Jährige entwickelte Inhalte und Strategien für die Partei. Der um einige Jahre jüngere Maderthaner war (noch) PR- und Marketing-Chef der Volkspartei, Kaltenegger verbrachte unterdessen seine letzten Stunden als Generalsekretär der ÖVP. Tagsüber war das neue Regierungsteam der

ÖVP zusammengezimmert worden, gleich mehrere ÖVP-Politiker mussten ihre Ressorts abgeben. Kaltenegger hatte im Vorfeld schon erklärt, dass er nicht mehr General sein werde, an seiner statt war der Tiroler Hannes Rauch vorgesehen. Maderthaner bereitete sich gedanklich bereits auf seinen Abschied in der ÖVP vor, Steiner und andere wussten indes nicht so recht, auf welches Team der neue Chef in seiner Parteizentrale setzen würde und in welcher Rolle man da selbst überhaupt noch dazugehören dürfe. In dieser Transferstimmung geisterten auch schon einige Namen möglicher Regierungsmitglieder gerüchteweise durch das Vino – neben dem des Innsbrucker Unirektors Karlheinz Töchterle und der niederösterreichischen Landesrätin Johanna Mikl-Leitner unter anderem jener des Chefs der Jungen ÖVP, Sebastian Kurz. Bei dem war man allerdings skeptisch. Was sollte denn ein 24-jähriger Student in einer Bundesregierung?

Außerhalb des Vino war dieser vor allem bekannt, weil er ein Jahr zuvor im Gemeinderatswahlkampf mit seiner »Geilomobil«-Kampagne für Aufregung gesorgt hatte: Flankiert von leicht bekleideten Damen und begleitet von einem Sturm der Entrüstung verteilte Kurz – mit einem gemieteten Protz-Geländewagen der Marke Hummer – Kondome mit der Aufschrift »Schwarz macht geil«. Das dabei entstandene Bild vor dem prolligen Innenstadtlokal »Moulin Rouge« sollte Kurz – zu seinem Ärger – lange verfolgen. In seiner letzten Gemeinderatssitzung vor diesem 18. April hatte Kurz noch schnell gefordert, dass auch Jungpolitiker Orden der Republik verliehen bekommen sollten. Dass politische Jungspunde keine Ehrenzeichen umgehängt bekommen, empfand Kurz damals als gemeine »Altersdiskriminierung«. Dafür wurde er in Gemeinderat und Medien aufgezogen, selbst Wiens damaliger Bürgermeister Michael Häupl nannte die Aktion einen »Aprilscherz«.

Ausgerechnet über diesen kessen Jungpolitiker kursierte zu diesem Zeitpunkt ein brisanter Link: Die Onlineausgabe der *Kleinen Zeitung* (Jahre später erzählte man sich, es sei ein Artikel des *Standard* gewesen, das ist allerdings eine falsche Überlieferung) meldete am späten Abend nämlich bereits, dass das neue Regierungsteam der ÖVP längst feststehe – und dass dieser Sebastian Kurz tatsächlich Staatssekretär für Integration werden soll.

Knapp 800 Schritte vom Vino entfernt erfuhr auch Sebastian Kurz von dieser Nachricht, und zwar aus erster Hand. Knapp zuvor hatte sein Handy geläutet, der neue Parteichef war dran: »Hallo Sebastian, wo bist?« Der baffe Kurz war gerade bei einer JVP-Veranstaltung. »Komm bitte zu mir ins Büro.« Dort erklärte ihm Spindelegger, dass er vorhabe, ihn zum Staatssekretär zu machen – und zwar für Integration. Das Ansinnen des damaligen ÖVP-Chefs: »Ich hatte die Idee, dass ich jemanden für das Thema Integration und Migration brauche. Erst dann kam die zweite Frage, nämlich: Wer macht das?« Und da kam Spindelegger auf seinen ehemaligen Mitarbeiter in der Zeit als Nationalratspräsident. Spindelegger wollte jemanden, »der das Thema

24

Integration unter anderen Gesichtspunkten sieht«, also entschied er sich für das schwarze Greenhorn Kurz.

Der neue Parteichef Spindelegger nutzte die kursierende Schlagzeile auch gleich zur Überzeugung, als Kurz am Abend in seinem Büro im Außenministerium saß. Kurz galt damals zwar schon als ehrgeizig und zielstrebig – nicht wenige meinen, er hätte die Sache mit dem Staatssekretär selbst ins Rollen gebracht – das hieß aber noch lange nicht, dass er Spindelegger auch sofort zusagen würde. Tatsächlich zauderte der Jungpolitiker ziemlich, als die Sache plötzlich ernst wurde.»Erst wurde er blass und sagte, dass er das nicht machen kann«, sagt Spindelegger. Auch Kurz denkt zurück:»Ich war fix und fertig, weil ich der Meinung war, mit 24 Jahren kann man nicht Staatssekretär werden, ich hatte ja auch mein Studium noch nicht fertig.«

Mit dem Artikel der *Kleinen Zeitung* aber konnte Spindelegger Kurz erklären, dass es für ihn nun ohnehin kaum mehr einen Weg zurück gab – jetzt, da sein Karrieresprung sogar schon in den Medien stand. Wie sähe das denn aus, wenn man jetzt noch zurückzöge?»Überleg' es dir, wir haben nicht viel Zeit«, sagte Spindelegger – rief dann allerdings trotz ausstehender Antwort die schwarzen Landeshauptleute an und verkündete seine Neuzugänge im Regierungsteam, auch Kurz gab er durch.

Der immer noch hadernde Kurz zog sich zum Telefonieren in ein badezimmerähnliches Kammerl neben Spindeleggers Büro zurück. Weil sein Akku an diesem Tag streikte, musste er sich ein Handy im Außenamt ausborgen. Gernot Blümel, damals Referent in Spindeleggers Kabinett, half Kurz, indem er zumindest dessen Vertraute vorwarnte, dass sich Kurz gleich mit einer unbekannten Nummer und schier unglaublichen Neuigkeiten bei ihnen melden würde.

Einer der ersten, die Kurz vom Außenamt-Kammerl aus anrief, war Axel Melchior. Der damals schon engste Kurz-Vertraute saß bei sich zuhause in Baden und bereitete sich eigentlich gerade auf einen Kurzurlaub vor, da schmetterte Kurz drei für ihn zunächst absurd klingende Worte durchs Telefon: »Wir werden Staatssekretär.«

Am anderen Ende der Leitung wurde es plötzlich still. Nach einigen Schrecksekunden aber war Melchior, damals als JVP-Generalsekretär bereits eine Art Organisationschef von Kurz, von der Sache angetan, wiewohl er immer noch ein Restrisiko sah, Kurz könnte ihn auf den Arm nehmen.

Allein: Wieso denn gerade Integration?

Das fragte sich auch Josef Pröll, als Kurz ihn anrief und um Rat fragte. Eigentlich hatte der abgetretene Parteichef, unter dem Kurz JVP-Chef wurde, ja eine klare Meinung: So ein Schiff, meinte Pröll damals gemäß Zeitzeugenberichten, kommt nur einmal vorbei. Da es sich aber um das heikle Thema Integration handelte – noch dazu eine Domäne der Sozialdemokraten – war Vorsicht bei dieser Entscheidung geboten. Neben Kurz' JVP-Vertrauter Bettina Rausch wurde auch Harald Mahrer von ihm angerufen, und auch der äußerte vorerst einmal Skepsis. »Eigentlich wurde ich nach diesen Telefonaten bestärkt, das Angebot nicht anzunehmen«, erinnert sich Kurz.

Doch Kurz hatte nicht viel Zeit, um nachzudenken. Er bat Melchior, sofort in die Parteizentrale zu kommen, es sei schließlich dringend zu besprechen, wie es nun weitergehen sollte. In der Bundespartei angekommen, wählte Kurz Maderthaners Nummer und erklärte seinem Freund und Ratgeber für Marketingfragen, dass er bitte sofort aus dem Vino hinüber in die Parteizentrale kommen müsse.

Gegen 23 Uhr war Kurz schließlich erneut für eine halbe Stunde bei Spindelegger, um ihm endgültig zuzusagen. Denn wer wusste schon, wann die Tür zur Macht das nächste Mal aufgeht? Außerdem: Jetzt, da alles schon in der Zeitung stand, konnte man ohnehin nicht mehr absagen.

Spätestens da war die Runde im Vino plötzlich ziemlich ausgedünnt. Denn es dauerte nicht lange, da fiel in der JVP-Runde ein Name, mit dem das ganze Projekt nach Ansicht aller versammelten Kurz-Intimi steht und fällt: Stefan Steiner, im Gegensatz zu den meisten anderen Anwesenden bereits mit einer gewissen Politikroutine ausgestatteter Experte für Integration, Strategie, Inhalte und juristische Fragen aller Art, müsse her. Also rief Kurz auch Steiner an und bat ihn, sein Bürochef zu werden. Steiner überlegte nicht lange, sagte zu und gesellte sich ebenfalls noch in dieser Nacht zum Kreis in der Parteizentrale. Kurz vor Mitternacht trudelte schließlich Kristina Rausch ein. Eigentlich hätte sie Kurz zu einer Diskussionsrunde bei *Puls4* zur neuen Regierung begleiten sollen – er bat sie jedoch, das Ganze abzusagen. Grund nannte er zunächst keinen. Rausch sagte also zwanzig Minuten vor der Sendung ab und organisierte JVP-Ersatz (Markus Benesch, Kurz-Vertrauter und heute mächtiger Beamter im Bildungsministerium, sprang ein). Als die Sendung zu Ende war, stieß auch die damals engste Kurz-Mitarbeiterin zur Runde. Nur einer, der wenig später bereits eine zentrale Rolle einnehmen sollte, zierte sich zu diesem Zeitpunkt noch: Gerald Fleischmann.

Was dann jedenfalls im 3. Stock der ÖVP-Zentrale geschah, war nicht weniger als die Geburtsstunde des Systems Kurz.

In ihrem Meeting begann die Truppe, die Grundzüge des neuen Politikers Sebastian Kurz zu entwerfen: Steiner erfand noch in dieser Nacht den Slogan »Integration durch Leistung«, der zum zentralen Element der Politik des jungen Staatssekretärs avancierte. Drumherum wurden erste inhaltliche Pflöcke eingeschlagen: Vorhandene Forderungen wie jene nach deutschen Predigten in Moscheen wurden verfeinert, zudem einigte man sich auf die in den Anfangsjahren von Kurz noch für ihn typische Zurückhaltung bei Reizthemen wie einem Kopftuch- oder Burkaverbot. Unterdessen wurde das Staatssekretariat personell aufgestellt, federführend dabei waren Melchior und abermals Steiner, der laut Zeitzeugen schon in dieser Nacht »generalstabsmäßig« die Aufgaben verteilte. Beieinander saß die

Truppe übrigens in seinem Büro. Der Grund dafür: Steiner hatte im Gegensatz zu Kurz einen brauchbaren Besprechungstisch in seinem Zimmer.

Währenddessen zog ein mediales Gewitter auf, das schon bald auf das Grüppchen hereinprasseln sollte: Um 0.48 Uhr meldete die *Austria Presse Agentur* (APA), dass die Bestellung von Kurz zum Staatssekretär für Integration fix sei – womit die Nachricht in allen Redaktionen des Landes landete. Und bis zu einem gewissen Grad waren die jungen Schwarzen auf Kritik an Kurz eingestellt – es war ja nicht gerade üblich, 24-jährige Jusstudenten in Bundesregierungen zu hieven. Also wurden Vorkehrungen getroffen. Kurz und Co. diskutierten die halbe Nacht, wie sich der drohende Shitstorm denn irgendwie verhindern ließe. Spätnachts organisierte Kristina Rausch Fertigpasta vom Lieferservice, Zeitzeugen zufolge in überschaubarer Qualität. Die erste aller Konferenzen der neuformierten Gruppe dauerte noch bis zum Morgengrauen. Rausch verließ das Büro als Letzte, da war es bereits sechs Uhr in der Früh.

Doch letztlich war alles, was man zur Vermeidung des erwarteten Schlagzeilengewitters ersonnen hatte, einerlei. Schon am nächsten Tag schwappte eine Welle der Empörung über den jungen Staatssekretär hinweg. In einem APA-Porträt firmierte er als »der Mann mit dem Geilomobil«, und das zählte noch zu den wohlwollenderen Beschreibungen des Nachwuchspolitikers. *Der Standard* etwa nannte Kurz' Bestellung »eine Verarschung all jener, die im

Integrationsbereich tätig sind«. Der »Unterhaltungskünst-
ler« Kurz sei »eine denkbar schlechte Wahl«, in der Integra-
tionsdebatte habe er zudem noch keinen Beitrag geleistet.

In anderen Medien wurde Kurz in ähnlicher Art und Weise begrüßt, Willkommensklatscher waren weit und breit
nicht zu sehen.

Ein Problemlöser für die Medienfront musste also her,
und der Wunschkandidat, wie man schon in der Nacht
festgestellt hatte, hieß Gerald Fleischmann und war berüchtigter Pressesprecher der abgesetzten Justizministerin
Claudia Bandion-Ortner. Erste Bitten um Hilfe, etwa von
Kristina Rausch, schmetterte Fleischmann noch ab. Die damals 19-jährige Kurz-Referentin fragte den für sein Tempe-
rament berühmten Politik-Vollprofi, ob er die Mediendin-
ge in die Hand nehmen könne. Fleischmanns Reaktion: Er
grummelte den Satz »Ich bin nicht euer Sprecher« und legte auf. Ende der Geschichte – vorerst.

Denn Zukunft sah Fleischmann in all dem fürs Erste
einmal gar keine, stattdessen überlegte er, die Politik überhaupt zu verlassen, liebäugelte mit einem Wechsel in die
Gesundheitsbranche oder zu einem anderen Minister.

Was also tun, um den Mann, der für das politische Über-
leben essentiell schien, an Bord zu holen?

Unterstützung erfuhr Kurz in dieser Lage wieder einmal
von Spindelegger. Im Rahmen der Präsentation der neuen
ÖVP-Minister auf der Politischen Akademie der ÖVP in Wien-Meidling verdonnerte der Parteichef den widerborsti-

gen Pressesprecher einfach, künftig Kurz unter die Arme zu greifen. »Du machst das jetzt, zumindest für die ersten Interviews«, trug ihm Spindelegger auf – und Fleischmann folgte, wenn auch widerwillig. Er sagte für eine Woche zu, und als diese überstanden war, verlängerte er um eine weitere Woche und so weiter und so fort. Im Frühjahr 2020 waren es neun Jahre.

Damals aber waren die Umfragen niederschmetternd für Kurz. Von allen neuen Regierungsmitgliedern (als Staatssekretär ist man das offiziell zwar nicht, wird aber medial de facto wie ein solches behandelt) hatte er die mit weitem Abstand schlechtesten Werte. Vier Tage nach der Angelobung wurden Umfragen veröffentlicht, laut denen ihm eine absolute Mehrheit der Befragten nicht zutraute, das Amt des Staatssekretärs für Integration auszuführen.

Und doch wurde er in diesen heiklen Stunden geboren, der neue Machtzirkel um Kurz. Denn just jene Handvoll Jungschwarzer, die mit ihm in diesen ersten Nächten im April des Jahres 2011 die Vermessung der türkisen Welt einleitete, bildet seither das Rückgrat des Kurz-Systems. Ihre Aufgabenbereiche – Steiner für Inhalte und Strategie, Melchior für Organisation und Fleischmann für die Medienfront – wurden in diesen Nächten festgelegt und haben sich in all den Jahren nicht verändert. Nur ganz wenige vermochten später, als der politische Erfolg irgendwann Einzug gehalten hatte, noch in diesen engen Zirkel vorzudringen. Sie sind es, die bis heute einmal im Monat bei Kurz im Wohnzimmer sitzen und nicht selten bei gelieferter Pizza und Bier Strategien besprechen. Die großen Fragen werden in dieser Runde besprochen, sei es der Umgang mit dem Ibiza-Video im Mai 2019, die Koalitionsentscheidung im Herbst 2019 oder die Mega-Krise rund um die Corona-Pandemie.

Ein Beispiel: der überraschende Rücktritt Reinhold Mitterlehners. An diesem Maitag des Jahres 2017 stieg Kurz gerade in Wien-Schwechat aus dem Flugzeug, als ihn der Chefredakteur einer bürgerlichen Großformat-Tageszeitung anrief und fragte: »Sag einmal, stimmt es, dass der Mitterlehner zurücktritt?« Kurz hatte sein iPhone nach der Landung eben erst wieder aufgedreht, Nachrichten und Mails hatte er noch nicht gelesen, als er seinen vertrauten Medienmacher zurückrief. Dementsprechend fiel auch seine Antwort aus: »Schwachsinn, hört doch auf, so etwas zu erfinden.« Nach dem Gespräch tauchten dann allerdings die Nachrichten seiner Parteifreunde auf, dass der ÖVP-Chef tatsächlich das Handtuch werfen und das noch am selben Tag bei einer Pressekonferenz verkünden will. Kurz rief also den Chefredakteur an und entschuldigte sich für seine forsche Antwort. Hernach trommelte er sofort seine Leute zusammen. Keine halbe Stunde später saß der baldige Neo-Parteiobmann mit seiner Truppe rund um Steiner, Fleischmann und Melchior im Büro. Bevor er auch nur einen weiteren Schritt setzte, klärte er mit dem Trio, wie es nun weitergehen sollte. Schlecht vorbereitet waren sie ja nicht, aber dazu später noch mehr. Sie, die 2017 mit Kurz in dieser heiklen Stunde zusammensaßen, sind auch heute noch jene Vertrauten, die schwierige Entscheidungen mit ihm bereden. Die schwarze Partei hat da stets nur bedingt mitzureden, die Würfel fallen in der türkisen Partie.

»Ich bin ein totales Rudeltier, ich funktioniere nur in der Zusammenarbeit mit anderen Menschen«, sagt Kurz. Der Kanzler mag kein Faible für öffentlich ausgetragenen Koalitionsdiskurs und harten Widerspruch aus den eigenen Parteireihen haben, in seinem kleinen Kreis allerdings verlangt er Widerrede: »Es ist eine Grundvoraussetzung für mich, dass sie mir sagen, was sie denken.«

Dass es diese Truppe sein würde, die ihn politisch nach oben bringt, das ahnte Kurz schon 2011: »Mir war vollkommen klar: Wenn es funktionieren kann, diese Aufgabe zu übernehmen, dann nur mit diesem Team.« Kurz gibt sich »dankbar dafür, dass uns nie jemand aus dem Team verlassen hat, sondern dass es eher gewachsen ist«. Sein »Rudel«, das ist bis heute jene Handvoll mächtiger Schattenmänner, die mit Kurz den Takt einer ganzen Regierung vorgeben und deren Geschlossenheit und Professionalität letztendlich Hauptgründe dafür waren, dass sie der Weg bis ins Kanzleramt geführt hat.

Auch, wenn die selbstbewussten Mitglieder der Kurz-Partie zu diesem Zeitpunkt die einzigen waren, die das auch zu ahnen wagten.

Das sind ihre Geschichten.

STEFAN STEINER ...

... geboren 1978, ist neben Sebastian Kurz die zentrale Figur im türkisen Universum und weicht seit 2011 nicht von seiner Seite. Der dreifache Vater hat keine politische Funktion und agiert ausschließlich als Berater und Vordenker im Hintergrund. Wesentliche Rolle als »Satellit« in der Corona-Krise, steckt auch hinter der türkisen Migrationspolitik und Kassenschlagern wie dem Familienbonus.

DAS TÜRKISE HIRN

Als hätte das Politjahr 2019 nach dem Ibiza-Video und dessen Folgen für österreichische Verhältnisse nicht schon genug Ungeheuerlichkeiten geboten, schlug am 5. September kurz vor zehn Uhr Vormittag die nächste kleine Bombe auf dem Wiener Parkett ein – zumindest nach Ansicht der Neuen Österreichischen Volkspartei.

In einer eilig einberufenen Pressekonferenz erklärten Parteichef Sebastian Kurz und sein damaliger Generalsekretär Karl Nehammer, dass die ÖVP Opfer eines großangelegten Hackerangriffs geworden sei. Die Kosten dafür lägen mindestens im sechsstelligen Eurobereich, die Beteiligung eines ausländischen Geheimdienstes wurde angesichts der Größe der perfiden Operation nicht ausgeschlossen. Für das beschauliche Österreich bedeutete das eine neue Dimension politischer Wahlkampf-Kriegsführung. Kurz vor der Nationalratswahl sollen also tatsächlich professionelle Hacker Jagd auf türkise Daten gemacht haben, so etwas gab es noch nie, und zwar in keiner Partei. Um sich diesen spektakulären Sachverhalt im Erdgeschoss der ÖVP-Zentrale erklären zu lassen, rückten an diesem Tag leitende Politikjournalisten oder gar Chefredakteure nahezu aller wichtigen Medien des Landes aus. Sie saßen eng aneinandergereiht an einem Konferenztisch, ihnen gegenüber der ÖVP-Chef und sein oberster Parteisoldat Nehammer. In einer Ecke hatte ein hinzugezogener IT-Experte eine Tafel aufgebaut, um aufzuzeichnen, wie der Angriff vonstattengegangen sein soll. Die Zeichnung war von mäßiger Übersichtlichkeit.

Nur einer saß wortlos in der gegenüberliegenden Ecke des Raumes. Der Mann unterhielt sich mit niemandem, er lehnte nur stoisch da, die Arme verschränkt und die Augen konzentriert zusammengekniffen, wenn Kurz das Wort hatte. Er war unauffällig gekleidet, unter seinem dunklen Anzug trug er ein weißes Hemd. Auch sonst sah der dunkelhaarige Mann um die vierzig in allerhöchstem Maße normal aus. Das Einzige, was ins Auge stach, war eine kniehohe Plastikschiene um sein rechtes Bein.

Und obwohl hier die Crème de la Crème des österreichischen Innenpolitikjournalismus versammelt war, erkannten nicht alle Anwesenden auf Anhieb, wer dieser stumm dasitzende Mann denn eigentlich ist.

Das ist erstaunlich.

Denn er, der stille Mann mit dem geschienten Bein und ohne Frisur, das ist nicht weniger als die mit Abstand wichtigste Figur im Kosmos des Sebastian Kurz.

Sein vollständiger Name lautet Dr. Stefan Franz Helmut Steiner, in der ÖVP nennen sie ihn allerdings nur Stefan, oder, wenn über ihn gesprochen wird, »The Brain«, das Hirn. Dieses berät Kurz in Strategiefragen aller Art, ist seit Jahren für die inhaltliche Linie der türkisen Truppe verantwortlich und sitzt an jedem Tisch, an dem wichtige politische Entscheidungen getroffen werden.

Öffentliche Termine nimmt Steiner nur sichtbar wahr, wenn sie wirklich wichtig sind, und auch dann ist er stets nur Zaungast. Bei der Pressekonferenz nach dem Hackerangriff im Sommer 2019 war er dabei, weil es einer der brisantesten Medienauftritte des ÖVP-Chefs im gesamten Wahlkampf war. Kleinere Pressekonferenzen oder Termine schenkt er sich.

Der medienscheue Steiner meidet seit jeher bewusst das Rampenlicht. Dass ihn selbst einige Journalisten nicht erkennen, ist kein Zufall, er spricht nämlich so gut wie gar nicht mit ihnen. Steiner, er ist 1978 geboren und zählt damit zu den ältesten Mitgliedern des Kurz-Universums, bekleidet kein Amt und keine Funktion in der ÖVP, stattdessen agiert er als selbstständiger Berater. Keine zwei Wochen nach der Angelobung der türkis-blauen Bundesregierung, die er federführend verhandelt hat, gründete er seine Firma, deren Tätigkeitsbereich offiziell »Public Relations-Beratung« ist. Das Unternehmen schaltet keine Werbung und hat keinen speziellen Namen, ist lediglich nach seinem Inhaber benannt – aber Werbemaßnahmen sind in Steiners Firma ohnehin nicht vonnöten. Er hat nämlich derzeit nur einen einzigen Kunden, und der heißt Sebastian Kurz.

Mit diesem ist er tagtäglich im telefonischen Dauerkontakt, besprochen wird de facto alles. Wenn die beiden nicht gerade telefonieren oder via *WhatsApp* kommunizieren, dann liegt das nicht selten daran, dass sie ohnehin gerade im Kanzleramt oder anderswo eine Besprechung im engsten Kurz-Zirkel abhalten. Steiner begleitete den ÖVP-Chef nach der Nationalratswahl zur Lagebesprechung beim Bundespräsidenten und war Chefverhandler im Koalitionspoker mit den Grünen und den Blauen. Steiner ist von Anfang an der wichtigste Mann im System Kurz: 2011 wurde er Bürochef von Kurz im Staatssekretariat, im Außenamt war er dann Leiter der neuen Integrationssektion – und damit neben seiner Funktion als Chefstratege auch Spitzenbeamter. Nach einem Intermezzo als Kurz' Wahlkampf-Generalsekretär 2017 agierte er schließlich »nur« noch als Berater.

Auch in der Corona-Krise spielte Steiner seine bewährte Schlüsselrolle, er wich Kurz im Kanzleramt kaum von der Seite und entwickelte mit ihm und anderen die Strategie, welche Maßnahmen wann getroffen werden müssen – und vor allem, wie all das der Öffentlichkeit schonend beigebracht wird, sodass keine Panik aufkommt. Steiner hatte immer im Blick, welche Maßnahmen andere Länder, etwa Italien, gerade setzten oder zumindest diskutierten und wie sich in Österreich dazu im Vergleich die Zahlen entwickeln. Während Gerald Fleischmann als Berater Öffentlichkeit und Medien im Visier hat, liefert Steiner, der Stratege und Jurist in Personalunion, Kurz das Fundament für sachpolitische Entscheidungen à la »Ausgangsbeschränkungen«. Kanzerlamts-Insider bezeichnen seine Rolle als die eines »Satelliten«, der von Sitzung zu Sitzung und von Bereich zu Bereich schwirrt. Steiner ist der Mann, der den Gesamtüberblick an allen Fronten der Corona-Krise zu bewahren hat.

Beim Schmieden der türkis-grünen Allianz hatte Steiner gar eine Doppelrolle inne. Neben seinem Tun als Chefverhandler verantwortete er auch noch den (aufgrund der konträren Positionen von ÖVP und Grünen) sensibelsten Teilbereich der Gespräche: das für die Wahlerfolge des Sebastian Kurz elementare Migrationskapitel.

Wie sehr Kurz seinem Chefberater Steiner vertraut, offenbarte sich in den vergangenen Jahren nicht nur durch die vielen türkisen Prestigeprojekte, die direkt aus Steiners Feder stammen (dazu später mehr), sondern unter anderem in einer für Türkis unangenehmen Causa des Jahres 2017. Kurz vor der – von Kurz selbst vom Zaun gebrochenen – Nationalratswahl wurde plötzlich ein Strategiepapier publik, in dem die Zeit nach der Machtübernahme in der ÖVP durch Kurz auf fast 200 Seiten penibel vorbereitet wurde. Das Brisante daran: Erstellt wurde es noch vor dem Rücktritt Reinhold Mitterlehners im Mai 2017. Kurz-Sprecher Gerald Fleischmann bestritt damals zwar die hundertprozentige Echtheit des kursierenden Papiers, mindestens so brisant wie der Inhalt des Konvoluts war aber ohnedies ein anderes Detail. Wie es bei bearbeiteten Word-Dateien nämlich so üblich ist, wird an den Seiten des Dokuments aufgelistet, wer es bearbeitet hat. Und da tauchten zwei Namen auf: Stefan Steiner und Bernhard Bonelli.

Es besteht kein Zweifel: Wer so eine heikle Aufgabe übertragen bekommt, muss nicht nur wichtiger Stratege, sondern auch hundertprozentig zuverlässig und vertrauenswürdig sein. Das ist Steiner, und zwar von Anbeginn der Kurz-Ära, als es galt, die politische Positionierung des Sebastian Kurz festzulegen. Dass Stefan Steiner diese zentrale Rolle einnehmen sollte, ist seit der Aprilnacht 2011, in der Kurz' Einzug ins Integrationsstaatssekretariat fixiert wurde, klar. Jeder Zeitzeuge der damaligen Geschehnisse wird in den Jahren danach bestätigen, dass man sich sofort einig war, dass bei diesem Projekt ohne Steiner gar nichts geht.

Aber warum eigentlich? Wie wurde Stefan Steiner der wichtigste Kurz-Mann und wieso war das so früh schon allen klar?

»Ich habe ihn immer als irrsinnig gebildeten, sehr politischen Menschen erlebt, er hat einen unglaublichen Gestaltungswillen«, sagt Kurz über seinen wichtigsten Mitstreiter. Zudem sei Steiner »ein exzellenter Jurist«, bewundert habe Kurz vor allem auch, dass der Wieselburger als Kind in der Türkei lebte.

Den Großteil seiner Jugend verbrachte Steiner in Istanbul, er spricht seither fließend Türkisch. Seine Eltern, bürgerlich gesinnte Lehrer, waren 1988 aus reiner Abenteuerlust in die Türkei ausgewandert. Sie heuerten am österreichischen St.-Georgs-Kolleg in Istanbul an. Die Schule wird betrieben von den Lazaristen, das ist ein vor rund 400 Jahren gegründeter katholischer Männerorden.

Die beiden Steiner-Buben, der zehnjährige Stefan und sein um zwei Jahre jüngerer Bruder Thomas, kamen mit nach Istanbul. Steiners Vater unterrichtete Deutsch und Latein, die Mutter war Hauptschullehrerin für Deutsch und Biologie und bereitete in Istanbul Kinder in einjährigen Intensivkursen sprachlich auf die österreichische Schule vor. Um nicht von seinen Eltern unterrichtet zu werden, besuchte Steiner das deutsche Gymnasium und wechselte erst im Maturajahr in die Schule seiner Eltern.

In diesen Jahren lernte Steiner einerseits, wie er später erzählen wird, was Fremdsein in einem gänzlich anderen Kulturkreis bedeutet. Die Türkei war damals, in der Zeit vor Präsident Recep Tayyip Erdoğan, zwar vergleichsweise aufgeklärt, der Islam spielte im öffentlichen Leben für die katholische Familie keine allzu große Rolle. Und doch begriff Steiner, dass man sich anderswo anpassen muss. Fremdsein, das bedeutet für Steiner vor allem Respekt vor ortsansässigen Lebensweisen, das bedeutet für ihn bis zu einem gewissen Grad auch Assimilation. Vor allem aber wurde ihm damals in der Fremde klar, wie er später erzählen wird, was es für ihn heißt, Österreicher zu sein. Was Steiner darunter versteht? Neben dem Erhalt kultureller und konfessioneller Gegebenheiten meint er damit vor allem die Gleichstellung von Frauen und den Rechtsstaat, sagt er.

In Steiners Schulklasse saßen Kinder aus einem guten Dutzend anderer Länder. Da waren Türken, Koreaner, viele Deutsche und noch mehr andere Europäer, und mit den allermeisten verstand er sich gut. Anerkennung in der Klasse fand er nicht zuletzt aufgrund der Tatsache, dass er ein passabler Fußballspieler war. Gewohnt hat die Familie im mittlerweile aufgeblühten Arbeiterviertel Besiktas. Hie und da besuchte Steiner in den Neunzigern Spiele des zu dieser Zeit vom Deutschen Christoph Daum trainierten Klubs Besiktas Istanbul, dessen Stadion in Hörweite zur Wohnung der Steiners war.

Sofort nach der Matura ging Steiner alleine zurück nach Österreich. Er mietete sich in einem Studentenheim in Wien ein und feilte fürs Erste einmal ehrgeizig an einer Juristenkarriere. Nebenbei kickte er unterklassig, erst bei seinem Heimatverein, dem SC Raika Wieselburg. Bei dessen Benefizspiel zum 85-jährigen Jubiläum zog sich Steiner im Sommer 2019 übrigens jenen Einriss der Achillessehne zu, der ihn dazu zwang, mit Schiene und Krücken durch den Wahlkampf und zur eingangs geschilderten Pressekonferenz zu humpeln. Gegen Ende seiner Kickerkarriere, er studierte damals noch, wechselte er nach Pöchlarn in die unterste Amateurliga Niederösterreichs, dort verdiente er sogar eine kleine Gage. Der Grund dafür war allerdings sein jüngerer und fußballerisch wesentlich talentierterer Bruder. Der Verein wollte den jüngeren Steiner als Stürmer für den Aufstieg in die zweitniedrigste Liga Niederösterreichs engagieren. Weil sein jüngerer Bruder aber gerade mit Freundin in Griechenland urlaubte, führte Steiner die Verhandlungen. Zum Schluss wurde Steiner, ohne je vorgespielt zu haben, auch gleich verpflichtet. Meister wurde Pöchlarn damals übrigens trotz finanzieller Übermacht und Favoritenrolle nicht. »Vom Meister reden is' leicht«, sagte ihm ein etwas dickbäuchiger Mannschafts-Haudegen damals. »Meister werden«, und so endete die triviale Unterklasseweisheit, »is' schwer«. Ein Spruch, der Steiner, wie er behauptet, angesichts hervorragender Umfragewerte nicht selten im Nationalratswahlkampf 2017 durch den Kopf schwirrte.

Vor der Jahrtausendwende hatte der Wieselburger mit der ÖVP vorerst allerdings noch relativ wenig zu tun. Steiner studierte schnell, bereits im Alter von 25 Jahren promovierte er im Fach Völkerrecht. Ein Jahr seines Studiums verbrachte der Jurist in Belgien, seine Vorliebe galt der Rechtsphilosophie. Abgesehen vom liberalen Vordenker

Thomas Hobbes faszinierte Steiner vor allem ein Philosoph nachhaltig: John Rawls, und zwar konkret dessen »Schleier des Nichtwissens«. Für einen ÖVP-Mann ist das Interesse an dieser Theorie alles andere als typisch. Und just das inhaltliche »Hirn« des Kanzlers, der nicht nur aus strategischen Gründen teilweise eine blassrote Sozialpolitik verfolgt, beschäftigte sich damit. Kurz zusammengefasst funktioniert dieses für Gerechtigkeitsfragen ersonnene Gedankenexperiment so: Der Philosoph Rawls setzt in dieser Theorie voraus, dass Menschen aufgrund eines »Schleiers« nicht wissen, wo in der Gesellschaft sie in Zukunft stehen werden, wenn sie sich ausmachen müssen, wie man in Zukunft zusammenlebt. Merkmale wie Hautfarbe, Religionszugehörigkeit oder Geschlecht werden darin also ausgeblendet. Der 2002 verstorbene Harvard-Professor ist der Meinung, dass man sich in diesem »Urzustand« auf eine Gesellschaft einigte, in der es den Schlechtergestellten wesentlich besser als sonst ginge, weil Reiche ja nichts von ihrem Reichtum wissen und demnach Vorkehrungen für den Fall treffen, selbst in Armut zu geraten. Das etwas zugespitzte Credo des Ganzen: Wenn man als Gesellschaft Entscheidungen träfe, ohne zu wissen, ob man zu den Topverdienern oder Niedriglöhnern gehört, wäre die Welt eine gerechtere. Was zählt, ist einzig und allein die Leistung, respektive die Bereitschaft dazu. Einer der prominentesten Fans dieser Theorie ist übrigens der Demokrat Bill Clinton.

Wird Steiner gefragt, in welcher der drei Hauptströmungen der Volkspartei – dem Konservativismus, dem Liberalismus und dem Christlich-Sozialen – er sich am wohlsten fühlt, nennt er die zwei letzteren Richtungen. Wie übrigens auch ein gewisser Sebastian Kurz das regelmäßig tut. »Steiner hat ein klares Weltbild, er hat sehr klare Überzeugungen«, sagt Kurz. Welche Überzeugungen das sind, wissen allerdings nur wenige. Selbst Freiheitliche, die in Zeiten der Koalition mehrmals wöchentlich mit ihm zu tun hatten, bezeichnen Steiner als »Typen, aus dem man nicht so richtig schlau wird«. Der Wieselburger gebe so gut wie nie preis, was er denkt und wie er tickt.

Hinter vorgehaltener Hand wird Steiner von Vertrauten übrigens nur selten als »liberal« bezeichnet, wesentlich häufiger wird er als »Konservativer« oder »Hardliner« klassifiziert, und das entspricht seinem Naturell wohl schon eher. Steiner sagt zwar selbst über sich, »nicht in ideologische Schubladen« einteilbar zu sein, selbst seine engsten Wegbegleiter beschreiben ihn allerdings als »extrem ideologischen und politischen Menschen«. Steiner sei »wertebewusst« und vor allem im katholischen Glauben stark verwurzelt, sagen jene, die ihn seit Jahren gut kennen. Steiner ist gläubig, er besucht regelmäßig die Heilige Messe. »Law and Border« ist seine politische Maxime, sagen enge Vertraute, die Ablehnung der bedingungslosen »Willkommenskultur« während der vorrangig aus muslimischen Migranten bestehenden Flüchtlingswelle im Jahr

2015 eine seiner zentralen Missionen. An Steiner, der Kurz weltanschaulich extrem ähnlich ist, wird gut sichtbar, dass es sich bei den Türkisen nicht um eine Truppe opportunistischer Bobos ohne politische Überzeugungen handelt. Die türkise Spitze besteht teilweise aus strammen Konservativen, wiewohl diese sich selbst ob ihrer marktorientierten Sichtweisen in wirtschaftspolitischen Fragen lieber als Liberale bezeichnen. Klingt ja auch wesentlich schicker und moderner.

Die vermutlich stärkste ideologische Klammer der Türkisen ist, und dafür steht ihr Vordenker Steiner exemplarisch, eine totale Aversion gegenüber der SPÖ und der Großen Koalition. Steiner gilt, das sagen gleich mehrere ÖVP-Leute, als einer der größten Gegner der Roten bei den Türkisen. Das liegt einerseits an weltanschaulichen Ansätzen, andererseits an strategischen Überlegungen – und nicht zuletzt an persönlichen Erfahrungen aus den Zeiten der zerstrittenen Koalition der ÖVP mit der SPÖ. Steiner erlebte hautnah mit, wie Kurz in Rekordzeit zum Feindbild der Roten, die bei den Türkisen »Sozis« genannt werden, avancierte. Integration sah die SPÖ schließlich als ihr Thema, und dann übernahm es auch noch ein frecher Polit-Neuling. Ex-Vizekanzler Michael Spindelegger erinnert sich an damalige Ministerräte: Wenn Kurz in der wöchentlichen Regierungssitzung das Wort hatte, seien ihn »die SPÖ-Minister stark angegangen, vor allem die Frauen«. Mehr noch: »Wenn er zu reden begonnen hat, ist schon am unteren Tischrand um Gabriele Heinisch-Hosek, Doris Bures und Claudia Schmied ein Tumult entstanden. Die haben sich sofort alteriert.« Sein Status als Feindbild der Roten sollte sich all die Jahre nicht ändern, das Ganze gipfelte in den von der SPÖ organisierten Sudelkampagnen im Wahlkampf 2017. Spätestens da war die SPÖ-Abneigung auch beim letzten Kurz-Intimus einzementiert.

Steiner denkt, so erzählt man sich, bei seinen strategischen Überlegungen gerne auch mit, was eine Entscheidung langfristig für den historischen Hauptgegner der Bürgerlichen – für die Sozialdemokratie nämlich – bedeutet. In der FPÖ sehen die wenigsten Türkisen langfristig eine Partei, mit der man um das Kanzleramt rittert, ganz zu schweigen von Grünen und Pinken. Zufall oder nicht: Sei es die Koalition mit den Grünen, die bewusst vorgenommene sozialere Ausrichtung oder sonstige ÖVP-untypische Ansätze – all diese Richtungsentscheidungen eint, dass damit der SPÖ das Wasser abgegraben wird. Steiner riet Kurz übrigens früh, mit den Grünen zu koalieren, wenn das irgendwie möglich sein sollte. Kurz verrät: »Er war von Anfang an ein Befürworter dieser Koalition, weil die Option mit der FPÖ letztlich keine war und er genauso wie ich keine Koalition mit der Sozialdemokratie angestrebt hat wegen der Sorge, dass es dann wieder Stillstand gibt.« Auch die Idee des »koalitionsfreien Raumes« für Maßnahmen in einer möglichen Asylkrise stammt im Wesentlichen aus Steiners Feder. 2017 riet Steiner bereits Monate vor der

Nationalratswahl dazu, eine Koalition mit den Freiheitlichen anzustreben. Nach dem Auftauchen des skandalösen Ibiza-Videos war er laut FPÖ-Leuten in den Krisensitzungen allerdings sofort der schärfste Gegner einer Fortführung der Koalition – was ihm die Blauen immer noch übelnehmen.

Wie aber kommt jemand, der nie einer Studentenverbindung angehörte, der keinem parteipolitischen Elternhaus entstammt und seine Kindheit in der Türkei verbrachte, zur Volkspartei? Die Antwort: über den Nachbarbauern aus Wieselburg.

Das Feld neben Steiners Elternhaus gehörte nämlich einer gewissen Familie Pernkopf. Der jüngere der Pernkopf-Brüder ist genau in Steiners Alter und ein enger Freund, die beiden wohnten auch gemeinsam im Studentenheim. Als die Steiner-Brüder schließlich beide nach Österreich zurückgekehrt waren, waren sie an Sonntagen hie und da zu den Pernkopfs zum Essen eingeladen. Zu dieser Zeit entstand Steiners Interesse an dem, was Stephan Pernkopf, der ältere der Brüder, gerade startete: ein Leben in der Politik, genauer gesagt in der ÖVP.

Pernkopf, mittlerweile Vizelandeshauptmann des schwarzen Bundeslandes, begann damals eine verheißungsvolle Karriere beim niederösterreichischen Bauernbund. Er überzeugte Steiner, dessen Großeltern väterlicherseits ebenfalls Landwirte gewesen waren, davon, der ÖVP via Bauernbund beizutreten. Zwar verrichtete Steiner damals auch klassische Parteidienste, 2002 verteilte er vom Wahlkampfkonvoi des Bauernbündlers Wilhelm Molterer aus Werbegeschenke, sein Interesse galt allerdings von Anfang an dem inhaltlichen Aspekt der politischen Arbeit. Also bemühte er sich, als Referent in die politische Abteilung zu kommen. Zudem schrieb er bald Reden für den damaligen Landeshauptmann Erwin Pröll und seinen Generalsekretär Gerhard Karner. In dieser Zeit wurde Steiner erstmals richtig parteipolitisch geprägt.

Damit hat Steiner etwas mit dem Gros der Kurz-Vertrauten gemeinsam, denn auch Philipp Maderthaner, Gerald Fleischmann (mit den beiden bildete er bereits in Niederösterreich eine Achse), Karl Nehammer und viele andere wurden politisch sozialisiert durch den Geist der mächtigsten ÖVP-Organisation der Republik. Überhaupt herrscht im Umfeld des Kanzlers ein eklatantes Übergewicht an Niederösterreichern, nur vereinzelt tummeln sich Tiroler oder Steirer in seinem Umfeld.

Was auf den ersten Blick nach einem föderalistischen Zufall aussieht, ist alles andere als bedeutungslos. Angesichts der dort für die ÖVP seit vielen Jahren üblichen absoluten Mehrheit ist es in Niederösterreich nicht unbedingt vonnöten, den Kompromiss, etwa mit den Sozialdemokraten, nachhaltig zu erlernen. Schlagkräftige Oppositionspolitik gibt es kaum. Eines der bekannteren Credos der niederösterreichischen Schwarzen lautet zudem: »Eine nehmen, zwei austeilen«, manch einer bevorzugt die Kurzvariante »Ane her, zwa zruck«. Was martialisch klingt, ist nichts anderes als die Versinnbildlichung einer sagenhaften Partei-Geschlossenheit, durch die es Angriffe von außen auf die eigene Truppe beinhart zu bekämpfen gilt. Kurzum: In Niederösterreich wird einem schon früh beigebracht, wie politische Macht ausgeübt wird.

Bald zog es Steiner jedenfalls in die Wiener Politik, wenn auch vorerst »nur« als Jurist. Er war etwa Referent für rechtliche Angelegenheiten unter Maria Fekter. Weil Steiner einer der wenigen Zivildiener in ranghohen Positionen des Innenministeriums war, leitete er ab dem Jahr 2006 die sogenannte Zivildienst-Service-Agentur. Und dann kam Josef Pröll.

Als dieser die ÖVP übernahm, keimte wieder Hoffnung auf Besserung auf, auch in Steiner. Pröll machte den Wieselburger, auf den er schon früh große Stücke hielt, zum politischen Direktor der Volkspartei, mehr noch: Steiner war federführend bei den »Perspektivengruppen« dabei. Dabei handelte es sich um ein Vehikel, angetrieben von der Partie um den jungen Pröll, durch das die Volkspartei inhaltlich und organisatorisch neu aufgestellt werden sollte. Die Slogans, die rund um das Mantra »Erneuerung« kreisten, erinnerten bereits frappant an die spätere »Zeit für Neues«-Kampagne für Kurz – allein, der Reformgeist bei Pröll ging jäh verlustig. In dieser Zeit wurde Steiner, Maderthaner, Fleischmann und Co. vor Augen geführt, wie man es nicht macht. Denn was helfen einem große Reformansagen, wenn man sie in einer zerstrittenen Koalition mit Sozialdemokraten im Kanzleramt nicht umsetzen kann? Auch fehlte Pröll die breite Basis in der ÖVP, dem Parteichef wurde in diesen Zeiten der Wirtschaftskrise zunehmend die interne Unterstützung versagt. Sogar daheim im Niederösterreich seines Onkels Erwin Pröll, wie es später hieß.

In den zwei Jahren, in denen Steiner für Pröll die Partei inhaltlich geleitet hatte, nahm allerdings eine folgenreiche Allianz ihren Anfang. Kurz nachdem Steiner im Dezember 2008 Politik-Chef der ÖVP wurde, übernahm Kurz die Bundes-JVP – damit arbeiteten sie fortan im selben Gebäude und hatten etliche Berührungspunkte, unter anderem wöchentliche Strategiesitzungen.

Steiners Aufgabe als politischer Direktor der Partei bestand zum Teil aus dem Entwickeln neuer Ideen an der inhaltlich-politischen Front, zudem kreierte er für allerhand ÖVP-Politiker knackige Slogans.

Vor allem aber war es Steiners Job, in der von der heutigen Geschlossenheit im Außenauftritt weit entfernten ÖVP die Forderungen der Bünde irgendwie aufeinander abzustimmen. Man muss sich das so vorstellen: Er hatte darauf zu achten, dass der schwarze Bauernbund nicht etwas verlangt, das dem Programm des schwarzen Wirtschaftsbundes zuwiderläuft. Und weil eben auch die Junge Volkspartei einer der ÖVP-Bünde ist – wenn auch im Jahr 2009 noch ein intern belächelter – hatte Steiner viel mit deren neuem Chef zu tun, unter anderem in den montäglichen Vorbesprechungen zum Ministerrat. Steiner war früh fasziniert von Kurz. Er bekam mit, dass dieser junge Mann für sein Alter eloquent war und offenbar über viel politisches Geschick verfügte. Im Gegensatz zu manch anderem erfahrenen ÖVP-Mann griff Steiner beim jungen Kurz auch hie und da beratend ein. Unter anderem half er Kurz bei der Forderung nach deutschen Predigten in Moscheen.

Und weil Steiner zudem als einer von wenigen jungen Schwarzen das Innenministerium nicht nur von außen gekannt hatte, war es am denkwürdigen 18. April 2011 alles andere als eine Überraschung, dass Kurz ihn unbedingt als Büroleiter für sein Integrations-Staatssekretariat rekrutieren wollte. Steiner sagte sofort zu und koordinierte in endlosen Sitzungen der darauffolgenden Nächte mit dem Kurz-Zirkel die politische und inhaltliche Positionierung des über Nacht berühmt gewordenen Jungspundes. Schon damals wurde in puncto Migration eine teilweise harte Linie verfolgt. Steiner kreierte noch in der ersten Klausurnacht den Prestige-Slogan »Integration durch Leistung« mitsamt inhaltlicher Ableitungen. Es sollte das Credo der ersten Kurz-Jahre in der Spitzenpolitik werden: Jeder soll alle Chancen zur Integration haben, solange er sich nur anstrengt, das kommt dem »Urzustand« nach Rawls in der konkreten Frage der Integrationspolitik schon recht nahe.

Noch in dieser Aprilnacht besprach man spätere türkise Kassenschlager wie die Deutschpflicht in Moscheen und den Kampf gegen den vielzitierten politischen Islam. Diese Positionen gab es 2011 bereits, wiewohl die Kurz-Politik in puncto Migration erst mit der Asylkrise 2015 richtig verschärft wurde. »Unter anderem hat Steiner mit mir gemeinsam unsere Migrationslinie entwickelt«, sagt Kurz. »Das waren wir zwei.«

Als nämlich so ziemlich alle ranghohen Politiker am Höhepunkt der Asylkrise zum Wiener Westbahnhof pilgerten, diesem Nadelöhr der Fluchtroute von einer Million gen Deutschland ziehender Flüchtlinge, fehlte einer. Und zwar ausgerechnet der für Integration zuständige Außenminister Sebastian Kurz. Der Grund dafür: Steiner riet ihm dringend davon ab, zum Westbahnhof zu fahren und sich dort im Flüchtlingschaos ablichten zu lassen – es wäre ein falsches Signal, urteilte der Berater damals. Kurz folgte dem Rat, übrigens im Gegensatz zu seiner Parteikollegin und Innenministerin Johanna Mikl-Leitner. Es war dies ein wichtiger Mosaikstein in der Ablehnung der sogenannten »Willkommenskultur«, die wenig später bereits zum inhaltlichen Steckenpferd der Türkisen avancierte.

Es sollte nicht der einzige gute Rat für Kurz aus der Feder seines wichtigsten Mitstreiters sein. Auf eine Idee scheint Steiner übrigens besonders stolz zu sein, zumindest deutet die Einrichtung seines Büros im dritten Stock der ÖVP-Zentrale in der Lichtenfelsgasse darauf hin.

Im circa dreißig Quadratmeter großen Raum steht in der einen Ecke ein üppig beschriebenes Flipchart und in der anderen ein Besprechungstisch für mindestens sechs Personen. Von dort aus hat man einen schönen Blick auf das Wiener Rathaus und auf einen etwas chaotisch wirkenden Schreibtisch, auf dem ein Laptop steht und haufenweise Papierkram liegt. Steiners Büro ist nicht gerade ordentlich, an der Wand hinter seinem Schreibtisch lehnen nicht aufgehängte Bilder, daneben liegt noch mehr Papierkram.

Und da prangen sie plötzlich, die Zeugnisse dessen, worauf Steiner stolz ist: An der weißen Wand hängen drei Kurz-Plakate als Erinnerung an den Nationalratswahlkampf des Jahres 2017. Eines der drei zeigt den Slogan »Zeit für Neues«. Er steht für die perfekt inszenierte Verbreiterung der Partei, an der Steiner nicht nur durch die Auswahl der türkisen Quereinsteiger mitgewirkt hatte. Auch im Grundsatz von Steiner mitentworfen war die Idee, 2017 eine parteipolitische Parallelstruktur aufzubauen: Die schwarzen Wurzeln sollten nicht abgeschnitten werden, darüber aber müsse sich um Kurz eine türkise »Bewegung« mit bekannten Gesichtern ohne ÖVP-Vergangenheit scharen. Steiners Idee: So könnte man die Krise der etablierten Politik überwinden, ohne auf die Vorteile einer funktionierenden Parteistruktur verzichten zu müssen.

Ein anderes Plakat im ÖVP-Büro des Selbstständigen ist die Bewerbung des »Familienbonus«. Und das hat einen Grund. Vor dem Wahlkampf 2017 erfand Steiner im

Alleingang diesen Steuerbonus, der bis heute eines der größten türkisen Prestigeprojekte ist und Schlager zweier Wahlkämpfe war. Inspiriert vom französischen Steuersystem, das Menschen mit steigender Kinderzahl begünstigt, schlug der dreifache Vater vor, die zwei seiner Meinung nach unübersichtlichen Steuerfreibeträge für Kinder zu streichen und stattdessen ein politisch leichter zu vermarktendes und übersichtliches System zu etablieren, um steuerliche Anreize für mehr Kinder zu setzen. Wieder einmal wird Steiners politisches Credo sichtbar: Belohnt soll nur werden, wer auch hackelt.

Diese Beispiele zeigen, wie universell der oberste Kurz-Berater eingesetzt wird, beziehungsweise, dass er im Grunde genommen viel mehr als das ist: »Steiner ist kein Politikberater, die sind ganz anders als er. Er ist ein aktiver Gestalter, kein Berater«, erklärt Kurz. Man kann es auch so formulieren: Der Wieselburger ist eine Art Politiker ohne Amt; der uneitle Vordenker ist für Kurz ungefähr das, was einst Josef Ostermayer für Werner Faymann war oder Herbert Kickl für Heinz-Christian Strache – mit dem Vorteil, dass er nicht zusätzlich ein eigenes Ministerium zu leiten hat.

Steiners Tagesablauf ist unstet. Er steht im telefonischen Dauerkontakt mit Kurz, wenn er nicht ohnehin bei Besprechungen im Kanzleramt dabei ist. »Die Tage, an denen wir nicht miteinander reden, sind selten«, sagt Kurz, der Landeshauptleute und Minister nicht viel öfter als einmal pro Woche spricht. »Steiner ist für mich der wichtigste Sparring-Partner, mit ihm bespreche ich alle großen inhaltlichen und politischen Entscheidungen.« Dies sei »manchmal ein Überzeugen und manchmal ein Sich-Überzeugen-Lassen«, schildert Kurz. »Oft sind es ja viele Informationen, die bei ihm zusammenlaufen und dann an mich weitergegeben werden.« Auch Vorschläge anderer Minister landen häufig bei Steiner, bevor Kurz davon hört.

Steiner sondiert morgens die mediale Themenlage und schlägt Kurz vor, wo man »draufgehen« könnte, wie das Aufgreifen kursierender Angelegenheiten im Politsprech so schön heißt. Im Zuge dessen wird überlegt, welcher Minister für welches Thema gerade geeignet wäre – Steiner ist bei diesen Prozessen nicht zwingend selbst operativ im Spiel, zumindest aber erteilt er in wichtigen Fragen stellvertretend für Kurz Freigaben via *WhatsApp*. Von *Facebook*-Postings im Namen des Kanzlers bis hin zu strategisch relevanten Entscheidungen: Steiner ist nicht selten das letzte Korrektiv. In brenzligen Situationen ist er auch als Ratgeber für andere Minister erreichbar, manchmal wendet er sich auch direkt mit Vorschlägen an sie. Das Wahlprogramm aus dem Jahr 2017, das die Grundlage für alle folgenden türkisen Politik-Schwerpunkte bildet, erstellte Steiner gemeinsam mit Bernhard Bonelli.

Nicht zuletzt koordiniert Steiner die internen Umfragen, die in der türkisen Truppe von immenser Bedeutung sind. Er ist federführend in der Formulierung der Fragen, die an den seit Jahren für die ÖVP arbeitenden Meinungsforscher Franz Sommer gehen. Dieser ist nahezu durchgehend für die Türkisen im Feld – abgefragt wird de facto alles, die Ergebnisse der Umfragen hält der innerste Kurz-Zirkel allerdings geheim. Das Material dient dem türkisen Team allein, um abzutesten, wie man in der Wählergunst gerade steht, welche Maßnahmen populär wären – und welche nicht. Nur zwei Beispiele: Im Jahr 2017 ließen die Türkisen abfragen, wie groß die Zustimmung zu den Maßnahmen »Weniger Sozialleistungen für Ausländer« und »Härtere Strafen für Sexualstraftäter« denn wäre. Die Umfragen ergaben, dass eine überwältigende Mehrheit der Befragten diese beiden Aussagen goutiert. Dass mit der Strafrechtsreform und der später vom Verfassungsgerichtshof wieder gekippten Kürzung der Sozialhilfe zwei zentrale Maßnahmen der türkis-blauen Regierung just diesen Umfragen Rechnung trugen, war letztlich nicht gerade überraschend.

Warum aber ist einer, der so eine zentrale Rolle einnimmt, »nur« Mitarbeiter im Hintergrund und kein zentraler Minister?

Jedenfalls nicht, weil Kurz das so möchte: Schon 2017 bat er seinen Vertrauten, Kanzleramtsminister zu werden. Steiner lehnte ab. Stattdessen kündigte er 2017 bei der ÖVP, und wurde selbstständiger Berater des Parteichefs. Das sorgte im Wahlkampf 2019 plötzlich für einen Riesenwirbel: Es wurde nämlich im Rahmen einer E-Mail-Affäre publik, dass die Volkspartei ihrem Chefberater satte 33.000 Euro monatlich überweist. Wie die Türkisen auf dieses üppige Salär gekommen sind, wird erst klar, nachdem man den Betrag genau aufschlüsselt: Abzüglich aller Abgaben und Ausgaben, die Steiner zu tätigen hat, bleibt – erraten – ziemlich exakt das Gehalt für ein von ihm eigentlich abgelehntes Ministeramt übrig.

Trotz dieser beachtlichen Gage frönt der Niederösterreicher nicht gerade dem Luxus, im Gegenteil: Steiner taugt ohne Zweifel zur Antithese der angeblichen »Buberlpartie«, als die Kritiker die Kurz-Truppe paradoxerweise gerne verschmähen. Beispiele dafür existieren zuhauf: So tönte etwa Niederösterreichs SPÖ-Obmann Franz Schnabl am Höhepunkt der Regierungskrise des Jahres 2019, dass diese ganze Misere auf »Kurz und seine Buberlpartie« zurückzuführen sei. Diese habe schließlich, so Schnabl, gezielt »den Systemabbau und die Spaltung der Gesellschaft« betrieben.

An dieser Stelle bedarf es eines einordnenden Vergleichs: Jörg Haiders Buberlpartie – bestehend unter anderem aus Karl-Heinz Grasser, Walter Meischberger, Gernot Rumpold und Stefan Petzner – war bekannt dafür, rund um den Wörthersee die Nacht zum Tag zu machen. Getragen wurden schicke Designeranzüge, gefahren wurden schnelle Autos, und die Frisuren saßen bombenfest. Dafür gab es in puncto Professionalität und Moral das eine oder andere grobe Manko, davon konnte man sich nach der Haider-Ära in diversen Gerichtssälen des Landes überzeugen.

Steiner hingegen geht wenig aus und spricht tendenziell nicht sehr viel, zumindest außerhalb seiner vertrauten

Kreise. So berichteten etwa Regierungsverhandler anderer Parteien, die Stefan Steiner zuletzt 2019 beim Koalitionspoker gegenübergesessen waren, dass dieser trotz seiner zentralen Rolle in Verhandlungen keineswegs die meiste Redezeit hat. Er hört konzentriert zu, unterbricht nicht und sagt dann klar, was die Linie der ÖVP ist. Steiner hat feste politische Überzeugungen, neigt aber nicht dazu, lange Grundsatzdebatten zu führen. Laut wird er selten.

Steiner mag angesichts seiner inhaltlichen Generalistenrolle bei den Türkisen Detailkenntnis in vielen Fragen haben, verkopft ist er deshalb nicht. Ein Beispiel dafür: Als die ÖVP mit den NEOS »Sondierungsgespräche« für eine mögliche Dreierkoalition mit den Grünen (sie kam nicht zustande) führte, verwunderte Steiner manch Pinken beim Bildungskapitel. Steiner negierte fortschrittliche NEOS-Forderungen teils mit dem wissenschaftlich eher zu hinterfragenden Argument, dass manches eben immer schon so gewesen sei und offenbar keinem der Anwesenden geschadet habe. Die Grünen wiederum bissen sich in den Verhandlungen zum Thema Migration die Zähne an ihm aus, weil er mantraartig wiederholte, dass die ÖVP eben für den harten Sicherheitskurs gewählt worden war und deshalb schon aus Prinzip keinen Zentimeter nachgeben werde – Ende der Debatte.

»Er ist immer super vorbereitet, weiß fast alles und kann intellektuell sein. Wenn er halt will«, sagt ein langjähriger Vertrauter. »Im Grunde ist der Stefan aber ein sehr bodenständiger Typ, der im Wirtshaus genauso gut funktioniert wie am Verhandlungstisch.« Steiner spricht im Dialekt, er verbringt nahezu jedes Wochenende mit seiner Familie im Haus seiner Eltern in Wieselburg oder bei den unweit davon wohnenden Schwiegereltern.

Nicht nur ein Verhandler des Koalitionspokers erzählte in dieser Zeit, dass eine der häufigsten Antworten ihrer ÖVP-Pendants an den Gesprächstischen der folgende Satz war: »Da muss ich erst den Steiner fragen.« Dafür, dass er offiziell keine Funktion hat, ist seine Macht in der Partei beachtlich, bei Schwarz und Türkis ist er hochangesehen. Kritik an seinem Salär gab es nach dessen Publikwerden innerparteilich nie. Auch sieht es in der ÖVP niemand kritisch, dass Steiners Schwägerin Klaudia Tanner 2020 völlig überraschend Verteidigungsministerin wurde – und zwar ohne je viel mit dem Heer zu tun gehabt zu haben (das hat Steiner übrigens auch nicht, er lehnte den Wehrdienst ab und arbeitete stattdessen als Zivildiener in der Ausländer-Rechtsberatung *Helping Hands*). Zuvor war Tanner Chefin des niederösterreichischen Bauernbundes. Steiners kleiner Bruder machte ebenfalls Karriere im Dunstkreis der ÖVP: Thomas Steiner diente Maria Fekter einst als Vizekabinettschef und wurde später Chef der Bundesfinanzierungsagentur. 2019 machte ihn die von seinem Bruder beratene Regierungsspitze zum Direktor der Österreichischen Nationalbank.

Stefan Steiner ist, zumindest außerhalb seines Vertrautenkreises, im Grunde genommen ein eher zurückhaltender Typ. Er meidet die Öffentlichkeit, trägt keine Maßanzüge und ist meistens ohne Krawatte unterwegs. Er verwendet keine Manschettenknöpfe, stellt keine teuren Uhren zur Schau und hat keine schicken Schuhe oder bunte Socken. Steiner fährt, seit er seinen Škoda Oktavia eingetauscht hat, einen fast ebenso schnöden Seat Alhambra. Wer sich mit Autos nicht auskennt: Das ist die günstigere Variante eines VW Sharan, die Familienkutsche ist im Neuzustand für einen Listenpreis von 32.275 Euro zu haben. Der einzige bekannte Luxus der Buberl-Antithese Stefan Steiner ist sein Haus im Westen Wiens.

Dass Steiner nie Minister werden wollte, hat im Wesentlichen zwei Gründe: Für ihn war der körperliche und mentale Verschleiß, den die Politik mit sich bringt, schlichtweg abschreckend. Wie beinhart das politische Geschäft ist, erlebte er unter anderem an der Seite Josef Prölls aus nächster Nähe.

Keine freien Wochenenden, keinerlei Privatsphäre, ganz zu schweigen vom medialen Druck – all das musste Steiner nicht unbedingt haben.

Es hat also einen Grund, dass ihn selbst einige Journalisten bei Terminen nicht erkennen: Interviews gibt Steiner so gut wie keine, er hielt nie öffentliche Reden und stand auch nicht auf irgendwelchen Bühnen. Kaum ein Journalist hat Steiners Handynummer, auch in der ÖVP ist diese nicht sehr weit verbreitet, für Politiker anderer Parteien ist das unsichtbare Kurz-Hirn ohnehin ein Mysterium.

Steiner scheint davon überzeugt zu sein, dass er für die Arbeit im Hintergrund besser geeignet ist als für ein Ministeramt, wie er im Gespräch, das für dieses Buch geführt wurde, erklärt: »Ich glaube schon, dass ich das (Anm.: ein Ministeramt) könnte. Aber ich weiß nicht, ob ich so einen Mehrwert darstellen würde im Vergleich zu dem, was ich jetzt tue.«

Der Hauptgrund für sein Dasein als Schattenmann ist aber ohnehin ein anderer als vermeintliche Medienscheu oder Sorge vor physischem Verschleiß: Bekleidete Steiner ein hohes politisches Amt, hätte er wohl gar keine Zeit mehr für seine Frau und seine drei Kinder. Seine Frau ist studierte Psychologin und arbeitet mittlerweile als selbstständige Beraterin. Geheiratet haben die beiden noch in jüngeren Jahren. Wie die meisten Mitglieder des eigentlich gar nicht so hippen Systems Kurz lebt Steiner ein ausnehmend traditionelles Familienleben. Bei einem der Kinder nahm Steiner, wie er im kleinen Kreis gerne stolz erzählt, einen Papamonat. Allerdings gab es das damals noch nicht, also ging er vier Wochen auf Urlaub. Um die drei Kinder kümmert sich vor allem seine Frau, doch wann immer möglich, arbeitet Steiner von zuhause aus, um bei ihnen zu sein, sagt er. Das hat hie und da heitere Nebeneffekte: So hielt sich sein kleiner Sohn eine Zeitlang Steine und andere herumliegende Gegenstände ans Ohr, um seinen Papa bei seiner andauernden Tätigkeit nachzuahmen: dem Telefonieren.

Übrigens wollte Kurz Steiner auch 2019 als Minister, beispielsweise im Kanzleramt, in die vorderste Reihe holen. Steiner lehnte erneut ab. Das Amt, das ihm eine noch größere realpolitische Bedeutung verleiht, müsste aber ohnehin erst erfunden werden.

BERNHARD BONELLI ...

... geboren 1983, ist Kabinettschef des Kanzlers, entwickelt dessen politische Inhalte und verhandelt sie federführend mit dem Koalitionspartner oder anderen politischen Playern. Ehemaliger Unternehmensberater, strenggläubiger Katholik und bald (Stand: April 2020) vierfacher Vater. Schlüsselspieler in der Corona-Krise.

DES KANZLERS RECHTE HAND

Das Europäische Forum Alpbach ist ein wahres Eldorado für Netzwerker aller Branchen und politischen Couleurs. Im Beisein von Regierungschefs, Ministern, Landespolitikern, Wirtschaftsbossen, Kammerchefs, Verlegern und anderen Kalibern wird im idyllischen Tiroler Bergdorf Alpbach auf rund tausend Metern Seehöhe tagsüber diskutiert und abends ausgiebig angestoßen. Vor allem letzteres führt dazu, dass nicht wenige den alljährlich im August stattfindenden Kongress hämisch als eine Art »Ballermann« der Wiener Politikblase bezeichnen. Hotels und Pensionen im Ort sind verlässlich ausgebucht, und zwar ausschließlich durch die Ankunft der Wiener Oberschicht und allen, die so gerne zu ihr gehören möchten. Die Stimmung in Alpbach ist so locker, dass man 2017 sogar einen Fußball spielenden Bundeskanzler in kurzen Hosen bei einem Bene-

fizspiel bestaunen durfte. Dem launigen »Spielbericht«
im *Kurier* war hernach zu entnehmen, dass Christian Kern
sogar ein Tor geschossen hat. Man kann sagen: Die vom
einstigen EU-Kommissar und ÖVP-Politiker Franz Fisch-
ler organisierte Veranstaltung ist der optimale Boden für
karrierehungrige Jungschwarze, die es außerhalb dieser
politischen Ballermann-Atmosphäre noch nicht ganz so
leicht haben, nahe an die Mächtigen in dieser Republik
heranzukommen.

Das war auch schon im Jahr 2005 so, als sich eben zwei
solche karrierebewusste junge Männer beim *Club Alpbach
Niederösterreich* um Stipendien für den Kongress bewarben.
Und die beiden hatten Glück: Denn der Verein, geführt von
einer gewissen Beate Reisinger (nach ihrer Heirat wird sie
Meinl-Reisinger heißen, später mit der ÖVP brechen und
eine berühmte liberale Politikerin werden), vergab seine
Stipendien an die Burschen. Einer der beiden war gera-
de mit dem Bundesheer fertig und bereitete sich auf sein
Studium am Juridicum in Wien vor, der andere studierte
bereits Bauingenieurwesen an der *TU Wien*. Zusammen-
geführt hat sie ein Zufall: Die zwei einander unbekannten
Burschen bildeten eine Fahrgemeinschaft für die rund 400
Kilometer lange Strecke gen Tirol, am Steuer saß der an-
gehende Jusstudent, der extra für die Konferenz den alten
BMW seiner Eltern für ein paar Tage ausgeborgt hatte.

Der Fahrer, der hieß Sebastian Kurz. Sein Gast war Bernhard Bonelli. Und die Allianz, die die beiden in den fol-

genden Tagen schmieden sollten, war folgenreicher als jeder Kontakt mit einem der Mächtigen von Alpbach je hätte sein können.

Denn exakt zwölf Jahre später saßen die beiden plötzlich gemeinsam an den Schalthebeln der Macht in der Republik: Bonelli ist Kabinettschef von Kurz im Kanzleramt, er ist einer der wichtigsten Mitarbeiter und engsten Vertrauten des Bundeskanzlers. Gemeinsam mit Stefan Steiner ist er derjenige, der bei Kurz dafür verantwortlich ist, türkise Politik mitzuentwickeln und in konkrete gesetzliche Vorhaben zu gießen. Bonelli ist meist der erste Mensch, mit dem Sebastian Kurz in der Früh telefoniert oder schreibt, und das will was heißen, der Kanzler hat schließlich – Stand Mitte März 2020 – immerhin 6127 Nummern in seinem iPhone eingespeichert.

Für den ÖVP-Chef koordinierte Bonelli unter anderem die Regierungsverhandlungen mit den Grünen. Will heißen: Bonelli, der schon vor Beginn des Koalitionspokers für Kurz nach programmatischen Gemeinsamkeiten der Türkisen und der Ökopartei gesucht hatte, warf für den ÖVP-Chef ein Auge auf die wichtigsten Streitthemen, er lieferte Zahlen und rechnete Modelle durch. Bonelli war in der Dutzendschaft an türkisen Koalitionsverhandlern einer von zwei, drei Verhandlern, auf die Kurz wirklich hörte. »Bernhard ist unfassbar strukturiert und schnell in der Auffassung, er hat ein breites Fachwissen quer durch alle politischen Felder«, lobt Kurz. Bonelli könne »komplexe

Prozesse ordnen, leiten und organisieren, daher hat er eine zentrale Steuerungsfunktion«.

Historisches gesteuert hat Bonelli im Frühjahr 2020, und zwar am vorläufigen Höhepunkt der Corona-Krise: Bei ihm liefen die Fäden zusammen, als zur Eindämmung der Seuche etwa die gesetzlichen Maßnahmen für die im Nachkriegs-Österreich beispiellosen Freiheitseinschränkungen Realität wurden. Bonelli verließ das Kanzleramt in diesen Tagen kaum noch, ihm oblag die Aufgabe, die türkise Krisenstrategie unter Zutun des Finanz- und Gesundheitsministeriums in Verordnungen und Erlässe zu gießen. Außerdem sorgte er dafür, dass Ministerien und Länder auf Linie sind. Keine leichte Aufgabe: Schließlich waren die Grünen strikt gegen Ausgangssperren, wie die ÖVP sie eigentlich vorhatte. Bonelli und Co. bedienten sich also eines Kniffs, indem sie über Umwege wie Platzverbote den Zustand der sogenannten Ausgangsbeschränkungen herstellten.

Eine ähnliche Schlüsselrolle hatte Bonelli im Koalitionspoker inne: Eine seiner Hauptaufgaben war das Management der Verhandlungsgruppe, die sich in den Marathongesprächen um das heiße Eisen Ökosteuerreform zu kümmern hatte. Bonelli koordinierte die Verhandlungsgruppen Umwelt und Steuern, die Schnittmengen dieser beiden Themen waren neben der von Stefan Steiner verhandelten Migrationspolitik die heikelsten Bereiche der türkis-grünen Verhandlungen. Nicht selten dauerte der Poker so lange, dass Bonelli erst mitten in der Nacht mit seinem chinesischen Trinity-Elektroroller nach Korneuburg zu seiner Familie heimtuckerte.

Bonelli blieb auch nach erfolgreichem Abschluss der Koalitionsverhandlungen im Maschinenraum von Türkis-Grün, er verhandelt alle wichtigen Regierungsprojekte mit. Das tat er auch unter Türkis-Blau schon: Bonelli war sozusagen der Chefverhandler der Türkisen für besonders heikle Projekte. Als da wären: Sozialhilfekürzung, Kassenfusion, Zwölfstundentag. Bei all den Prestigeprojekten der vergangenen Regierung zog Bonelli die Fäden. Bevor im türkisen Zirkel eine Entscheidung für oder gegen eine politische Maßnahme getroffen wird, liefert der gelernte Unternehmensberater die inhaltliche Grundlage und karrt Fachexperten heran.

Als die türkis-blaue Regierung zusammenbrach, war Bonelli Mitarchitekt der ersten Übergangsregierung unter türkiser Führung, die jäh abgewählt werden sollte. Er selbst rief spätere Kurzzeitminister an, die nach türkisem Dafürhalten für eine parteipolitisch halbwegs ausgewogene Regierungsspitze in der Zeit nach dem Regierungs-Exodus der Freiheitlichen geeignet waren. Das Interregnum verbrachte Bonelli in der Übergangsregierung. Er wurde wie andere Türkise bei Kurz-Intimus und Außenminister Alexander Schallenberg geparkt, Bonelli war dort Kabinettschef, nicht wenige sahen ihn in dieser Zeit auch als eine Art türkisen Wächter über die Vorgänge in der unpolitischen Übergangsregierung.

Freiheitliche nannten Bonelli einst »einen extrem ge-scheiten Kerl«, wenngleich er »für sein Alter untypisch tra-ditionelle Ansichten« habe. In der ÖVP werden indes Lob-lieder auf seine Vielseitigkeit gesungen. Einer der engsten Mitarbeiter des Kanzlers beschrieb ihn im Rahmen eines Abendessens auf der Politischen Akademie der ÖVP, die Kurz regelmäßig mit leitenden Redakteuren der großen Medien abhält, einmal so: »Bonelli ist ein sagenhafter Ge-neralist, der Typ kann eigentlich alles: Inhalte aus allen Be-reichen, Strategie und Verhandlungen, geht alles.«

Die Zusammenarbeit mit Kurz funktioniert im Wesent-lichen so: Der Kanzler gibt Bonelli in groben Zügen vor, was er sich politisch wünscht, hernach arbeitet Bonelli die Details aus und verhandelt sie mit dem Koalitionspartner. Erst, wenn das Ganze ins Stocken geriet, wurden unter Tür-kis-Blau Regierungskoordinatoren oder letztlich auch die Koalitionsspitze hinzugezogen. Dieser Modus wird unter Türkis-Grün im Grunde genommen beibehalten.

Zualledem ist der Mittdreißiger, der um vier Jahre äl-ter ist als Kurz, wegen seines bartlosen Bubengesichts al-lerdings wesentlich jünger aussieht als der Kanzler, die Schnittstelle zum Verkauf: Er bereitet vor, was Presse-sprecher schließlich den Journalisten erklären. Als eines Abends im Kanzleramt Journalisten bei einem Hinter-grundgespräch beispielsweise die Kürzung der Sozialhil-fe erläutert wurde, war es Bonelli, der dort die Fragen be-antwortete. Er selbst beschreibt seine Rolle mit folgendem lapidar anmutenden Satz: »Ich bin im Grunde genommen dafür zuständig, dass Themen, die dem Kanzler sehr wichtig sind, auch tatsächlich so umgesetzt werden, wie er sich das vorstellt.«

Wie viele zentrale Figuren der angeblich so hippen Kurz-Partie verkörpert Bonelli ein außerordentlich traditionelles Familienbild: Seine Frau, eine einstmals in Graz arbeitende Krankenpflegerin, die er über deren Schwester in der katholischen Hochschulgemeinde kennengelernt hat, heiratete er bereits in jungen Jahren. Das Paar hat drei Kinder, im Sommer 2020 wird das vierte erwartet. Bonellis Frau arbeitet nicht, sie kümmert sich zuhause um den Nachwuchs. Dass er nach der Hochzeit ihren Nachnamen übernommen hat, ist übrigens weniger auf feministische Anwandlungen denn auf den Reiz einer Alliteration im Namen zurückzuführen. Vor seiner Heirat trug Bonelli den Namen Adamec. Die Hochzeit fand in Tracht statt, Bonellis Trauzeuge: Sebastian Kurz.

Wie die Familie seiner Frau ist auch Bonelli streng katholisch: Bevor er zu essen beginnt, bekreuzigt er sich. Um den Hals trägt Bonelli eine goldene Kette mit Kreuzanhänger – genauer gesagt ist es ein »Jerusalemkreuz«, das der Kurz-Intimus seit einer Israelreise im Jahr 2011 umgehängt hat. Das in Jerusalem omnipräsente Symbol besteht aus einem großen Kreuz in der Mitte und vier Kreuzen rundherum, insgesamt stehen sie für die fünf bei der Kreuzigung erlittenen Wunden Christi. Die von Bonelli bevorzugte Bedeutung ist allerdings jene, dass das Hauptkreuz für das geistliche Zentrum der Welt steht und die vier kleineren Kreuze für die Himmelsrichtungen, in die sich der Glaube ausbreitet.

Ausnahmslos jeden Sonntag besucht er mit seiner Familie die Heilige Messe in einer kleinen Gemeinde im dritten Bezirk, unter der Woche ist er häufig in der Kirche St. Elisabeth des »Deutschen Ordens« in der Wiener Innenstadt anzutreffen. Bonelli wurde noch als Volksschüler Ministrant, er engagierte sich schon früh in der Kirche und war in der katholischen Jugend aktiv. Seine Mutter, die ihn und seine drei jüngeren Brüder alleine großzog, hatte damit weniger zu tun. Kirchlich geprägt und zum Messdienst gebracht wurde Bonelli von seiner Großmutter väterlicherseits, einer strenggläubigen deutschsprachigen Kroatin, die am Ende des Zweiten Weltkriegs nach Österreich floh.

Sein Masterstudium absolvierte Bonelli schon als aktiver Unternehmensberater an der renommierten *IESE-Business-School* der Navarra-Universität in Barcelona. Geführt wird die Universität von Opus Dei, in den Unterrichtssälen hängen Kreuze und auf dem Campus gibt es eine Kapelle. »Opus Dei«, zu Deutsch »Werk Gottes«, ist eine erzkonservative und spätestens seit Dan Browns Bestseller *Sakrileg* von hartnäckigen Verschwörungstheorien umgebene Organisation. Die Ausbildung in der weltweit anerkannten Kaderschmiede für Topmanager kostet in etwa so viel wie ein Sportwagen, bei den meisten Studenten kommt deshalb wie auch in Bonellis Fall der Arbeitgeber dafür auf. Aufgenommen wird nur ein Bruchteil der Bewerber.

Bonelli mag das katholische Gewissen der türkisen Truppe sein, ein Außenseiter ist er ob seiner starken Ausrichtung nach den Lehren seiner Kirche in der Kurz-Partie jedoch keineswegs. Sebastian Kurz erzählt es nicht oft, doch auch er ist der Kirche stark verbunden, und zwar stärker als viele Parteikollegen und viele ÖVP-Chefs vor ihm. In seinem Büro im Kanzleramt hängt zwischen Bildern von Bruno Kreisky und Leopold Figl ein großes Kreuz an der Wand. Anspielungen auf seinen Glauben liefert der Kanzler übrigens immer wieder: Als Kurz etwa zu Beginn der türkis-grünen Koalition den Klimaschutz-Fokus der neuen Regierung bewarb, sprach er von der »Wahrung der Schöpfung« als Maxime der Öko-Politik. Oder: Nach der Verkündung der drastischen Einschränkungsmaßnahmen am vorläufigen Höhepunkt der Corona-Krise erklärte Kurz, dass er guter Hoffnung sei, das Land würde »nach Ostern eine Wiederauferstehung« feiern können. Den Satz hat er sich selbst ausgedacht, von einem seiner Berater kam er diesmal nicht.

Kurz hat extrem gute Kontakte in die Kirche. Einer jener Geistlichen, mit denen sich der Kanzler regelmäßig und intensiv austauscht, ist der Bischof von Feldkirch, Benno Elbs. Auch zum Sankt Pöltener Bischof Alois Schwarz hat Kurz ein vertrauensvolles Verhältnis. Nur die allerwenigsten wissen, dass der ÖVP-Chef auch über einen geistlichen

Berater für Fragen aller Art verfügt: Kurz unterhält sich regelmäßig mit einem Pater der Rochuspfarre im dritten Wiener Bezirk, geredet wird über Gott und die Welt.

Bonelli selbst bezeichnet seine Weltanschauung übrigens als »liberal-konservativ« – will heißen: liberal in Wirtschaftsfragen, konservativ in gesellschaftspolitischen Angelegenheiten. Bevor er bei der *Boston Consulting Group* (BCG) anheuerte, arbeitete er für das *Friedrich Hayek Institut*, das ist eine neoliberale Denkfabrik. Geleitet wird es von der ehemaligen FPÖ-Politikerin Barbara Kolm. Bonellis Name scheint dort unter Presseaussendungen des Instituts über zu geringe Eigentumsquoten und Forderungen nach einem liberaleren Glücksspielmarkt auf.

Noch mehr Aussagekraft in der Frage nach der politischen Einordnung Bernhard Bonellis birgt wohl seine Entscheidung bei jener Wahlauseinandersetzung, die das Land radikal zwischen Links und Rechts tief gespalten hat: Als Alexander Van der Bellen und Norbert Hofer 2016 um den Einzug in die Hofburg kämpften, gab der Sohn einer Lehrerin nicht dem linken Grünen, sondern dem rechten Blauen seine Stimme. Es mag also nicht gerade überraschen, dass sein politischer Antrieb vor allem auf der Verteidigung traditioneller Grundwerte und Institutionen wie der katholischen Kirche basiert. Gegen die Große Koalition im Allgemeinen und die SPÖ im Speziellen hat der Anti-Etatist mindestens ebenso große Vorbehalte wie der Rest der Kurz-Truppe. Die umstrittene Petition »FairÄndern«, die das Erschweren von Abtreibungen zum Ziel hatte, unterzeichnete Bonelli zwar nicht – die Anliegen der Initiatoren findet er aber grundsätzlich gut. Die wichtigsten Forderungen der Petition, die auch Kardinal Schönborn unterstützte, waren die Einführung einer Bedenkzeit vor einem Schwangerschaftsabbruch und die Abschaffung der Möglichkeit, voraussichtlich schwerbehinderte Kinder auch nach dem dritten Monat noch abzutreiben. Eine Allianz aus Frauenrechtlerinnen, Grünen und der SPÖ lief Sturm gegen die Petition, für die Roten bedeutete das »FairÄndern«-Ansinnen ein »Zurückkatapultieren der Frauenpolitik ins Mittelalter«.

Erstmals in Berührung mit künftigen Mitgliedern der Kurz-Partie kam Bonelli schon als Schüler. Weil er stellvertretender Schulsprecher in der Mödlinger HTL für Tiefbau war, dockte er bei der ÖVP-nahen Schülerunion an. Er besuchte erste Wochenendseminare der politischen Organisation – und war, etwa nach einem Planspiel, in dem fiktive Parteien mitsamt passender Programme erfunden und in Wahlauseinandersetzungen geschickt werden mussten, von Anfang an fasziniert. Eines dieser Seminare leitete Niederösterreichs damaliger Schülerunion-Chef Philipp Maderthaner, mit dem er bei einem seiner ersten Aufenthalte auch das Zimmer teilte. Schon bald hatten die beiden Spitzenfunktionen inne. Bonelli wurde Finanzreferent der Schülerunion, sanierte die klamme Truppe mit eiserner Härte und erwarb sich in einer Zeit, in der das noch nicht als Beleidigung zu verstehen war, den Spitznamen »der Grasser der Schülerunion«. 2003 wurde er schließlich deren Geschäftsführer. Im Vorstand der Schülerunion saßen damals übrigens die späteren Ministerinnen Susanne Knasmüller und Christine Kowald.

Selbst Innenpolitik-Aficionados werden sich nun fragen: Welche Ministerinnen, bitte?

Die Auflösung des Rätsels liegt in den heiratsbedingten Namenswechseln der Damen: Die 1984 geborene Susanne Knasmüller nahm später den Namen Raab an und wurde nach einer Laufbahn als Spitzenbeamtin in Ressorts, die Sebastian Kurz geführt hat, im Jahr 2020 türkise Ministerin für Integration und Frauen. Zuvor erlangte sie Bekanntheit, weil sie unter Kurz im Sommer 2017 im Außenamt zur jüngsten Sektionschefin der Republik aufgestiegen war – ihr Vorgänger war der ins Kurz-Wahlkampfteam abgewanderte Obertürkise Stefan Steiner. Die um ein Jahr ältere Kowald indes heißt seit ihrer Hochzeit Aschbacher und wurde 2020 zur Ministerin für Arbeit, Familie und Jugend.

Zurück zu jenen, die wirklich den türkisen Ton angeben, zurück zum engsten Kreis des Kanzlers: Bonelli und Stefan Steiner, die beiden Ideologen und Strategen der Truppe, kannten einander schon viele Jahre vor ihrer gemeinsamen Arbeit für Kurz, sie freundeten sich 2006 an. Steiner bot Bonelli später sogar einen Job an, dieser lehnte allerdings ab. Denn der studierte Philosoph (er wechselte das Studium, weil ihm das Zeichnen von Bauplänen irgendwann zu langweilig wurde) verfolgte derweil noch berufliche Ziele außerhalb der Politik.

Dass Bonelli in den für die Türkisen denkwürdigen Aprilnächten des Jahres 2011 gefehlt hat, war dennoch eine unglückliche Fügung: Denn keine drei Wochen vorher hatte er seinen Job beim renommierten Beratungsunternehmen *Boston Consulting Group*, das von der externen Kurz-Wirtschaftsberaterin Antonella Mei-Pochtler geführt wird, angetreten. Dabei hatte er sich schlichtweg verkalkuliert: Dass Kurz, mit dem er seit der Autofahrt nach Alpbach eng befreundet war, so schnell Karriere machen sollte, war für Bonelli nämlich ebenso wenig absehbar wie für den Rest der Republik. Wäre Kurz bereits im März und nicht erst im April Staatssekretär geworden, Bonelli wäre vermutlich von Anfang an mit von der Partie gewesen. Aber schon damals war klar für ihn, wie er einmal erklärte, »dass ich irgendwann dabei bin, wenn es weiter nach oben geht«. Während des Kurz-Aufstieges ging Bonelli also seinem lukrativen Job als Unternehmensberater nach. Und irgendwann war es dann doch an der Zeit: Im Herbst 2016 bat Kurz Bonelli um ein Gespräch, die beiden trafen sich im bemüht hippen Café Freiraum in der Wiener Mariahilferstraße neben dem Westbahnhof. »Es wäre langsam an der Zeit«, so Kurz zu seinem Freund, »dass du an Bord kommst«.

Kurz hatte damals bereits die nächste Nationalratswahl im Blick, die planmäßig im Herbst 2018 hätte stattfinden sollen – und schielte schon darauf, bei dieser Wahl anstelle des angeschlagenen Frontmannes Reinhold Mitterlehner Spitzenkandidat der ÖVP zu werden. Bonelli schlug ein – unter der Bedingung, »dass auch was weitergeht in der Politik«. 2017 kündigte er bei BCG, wechselte vorerst als Referent ins Außenamt und kümmerte sich von da an um die Erstellung des türkisen Programms.

So zentral Bonellis Rolle für die Inhalte der Türkisen auch ist – was er vorschlägt, wird eigentlich nie exakt so beibehalten, wie er sich das ursprünglich ausgedacht hat. Bonellis Zugänge haben nämlich in den meisten Fällen ein Problem: Sie sind in der Gesellschaft nicht mehrheitsfähig. Also wird dem, was Bonelli abliefert, im Nachhinein meist eine sozialere Handschrift verliehen. Die Maxime dabei ist, den für die ÖVP seit Jahren in der politischen Auseinandersetzung tödlichen Vorwurf der »sozialen Kälte« schon im Vorhinein irgendwie zu entschärfen.

Das bedeutet: Türkis privatisiert nicht, das Gegenteil ist der Fall. Unter Führung der Kurz-ÖVP fanden sogar Verstaatlichungen statt, etwa im Asylbereich. Türkis kürzt auch keine Pensionen, wie man das etwa aus der schwarz-blauen Regierung Wolfgang Schüssels kannte. Die Inflationsanpassungen fielen für Kleinpensionisten unter Kurz gar höher (!) aus als in der Kanzlerschaft der Sozialdemokraten. Türkise Ideen wie die Kürzung der Sozialhilfe oder die Abschaffung der Notstandshilfe werden indes mit aller kommunikativen Kraft so dargestellt, dass sie nur

Ausländer oder Arbeitsverweigerer treffen. Die treibende Kraft hinter all diesen inhaltlichen Adaptierungen von Bonellis Basisarbeit sind Kurz selbst und vor allem der Mann, der all das am Ende zu verkaufen hat: Gerald Fleischmann.

GERALD FLEISCHMANN ...

... geboren 1973, ist der oberste Spindoctor des Kanzlers. Elementarer Kurz-Mann seit 2011, hat die massenmediale Kommunikation für die Türkisen revolutioniert, Stichwort »Message Control«. Steckt hinter der häppchenweisen Verkündung politischer Maßnahmen wie in der Corona-Krise. Ex-Rocksänger.

DER KÜNSTLER FÜRS GROBE

Hätte es den Begriff »Message Control« im Februar 2007 schon gegeben, man hätte durchaus sagen können, dass die Unbeschwertheit in Gerald Fleischmanns näherer beruflicher Zukunft davon abhing.

Denn kurz bevor der Burgenländer 2007 die Presseabteilung der Bundes-ÖVP übernahm und sein Name damit erstmals einer breiteren Öffentlichkeit bekannt werden sollte, galt es, ein äußerst pikantes Problem aus der Welt zu schaffen. Wer damals den Namen Gerald Fleischmann bei Google eintippte, stieß nämlich relativ rasch auf ein launiges Interview, das er einem Online-Musikmagazin einmal gegeben hatte. Auf die Frage nach seinen Zielen gab er, der neue erste Presseoffizier der Österreichischen Volkspartei, eine nicht gerade jugendfreie Antwort. Jedenfalls hätte der Link ausgereicht, um dem neuen Pressemann der Volkspartei den Start mit hämischen Berichten über seine späten Jugendsünden so richtig zu vermiesen.

Fleischmann telefonierte also vor seinem offiziellen Jobantritt in eigener Sache rastlos durch die Gegend, um das Interview nachhaltig aus dem Netz verschwinden zu lassen – und zwar mit Erfolg. Wer heute den Namen »Gerald Fleischmann« googelt, der findet unter tausenden Ergebnissen vor allem Links der großen Tageszeitungsverlage des Landes und offizielle Auftritte der Bundesregierung. Alles supersauber, die erste Prüfung in puncto Message Control wurde mustergültig bewältigt.

Aber warum eigentlich gab der Kommunikationschef von Kurz, der später als berüchtigter Spindoctor Bekanntheit erlangen sollte, als junger Mann so ein Interview? Der Grund: Fleischmann war einmal ein relativ bekannter Musiker, für burgenländische Verhältnisse sogar nahezu ein Rockstar. Noch als Schüler hatte er in Eisenstadt die »Booms« gegründet, eine freche Punkrockband mit Hang zu Indie-, Hard- und Bluesrock, wie auch immer all das unter einen Hut zu bringen war. Fleischmann gab den Leadsänger der Booms und sorgte neben akustischen gerne auch für optische Aufreger. Bei einem Konzert setzte er sogar einmal sein Mikrofon auf offener Bühne in Brand. Lange währte der Showeffekt allerdings nicht, es kam jäh zum Tonausfall.

Skandale dieser Größenordnung sind aus der Zeit mit seiner zweiten Band zwar nicht überliefert, dafür wurde der

Sound professioneller: Mit der Indierockband »Dayna Metropolis«, der auch der spätere SPÖ-Mann Leo Szemeliker angehörte, nahm er sogar ein mehrere Nummern umfassendes Demoband auf und spielte Konzerte vor beachtlichen Kulissen. Szemeliker war Bassist, er holte Fleischmann zu jener Formation, die wohl als einzige Gruppe der Welt von sich behaupten kann, zur Hälfte aus späteren Kanzlersprechern bestanden zu haben. Benannt hat sich die Band nach einer Frau, laut der Gruppe nicht weniger als die »schönste Frau der Welt«. Dayna Metropolis, so hieß eine australische »Urlaubsbekanntschaft« des Gitarristen, die offenbar schön genug war, am anderen Ende der Welt gleich eine Indierockband nach der griechischstämmigen Dame zu benennen.

Fleischmann war Frontmann und Leadsänger von Dayna Metropolis und hatte, wie man sich erzählt, »eine beeindruckende Bühnenpräsenz«. Meist trat er in einem Schnürlsamtanzug auf, darunter trug der Draufgänger oft nichts als ein Feinripp-Unterleiberl. Instrument spielte er auf der Bühne keines. Die Texte stammten aus der Feder von Fleischmann – allein, sie hatten wenig mit jenen Inhalten zu tun, die er Jahre später für Sebastian Kurz formulieren sollte. So singt er etwa im Lied »Schweißer Karl« unter anderem darüber, »voll zu in Amsterdam« zu sein. Um es abzukürzen: Gerald Fleischmann war ein echter Rocker, und manch Zeugnisse dessen sind in Form von Dayna-Metropolis-Liedern in den Tiefen des FM4-Archivs im Netz auffindbar – jedenfalls waren sie das im Frühjahr 2020 noch.

Noch während seiner Sängerkarriere schloss Fleischmann ein Publizistikstudium ab und schlug erst einmal
eine Journalistenlaufbahn ein. 1997 machte er ein Volon-
tariat bei der tendenziell linksliberalen Tageszeitung *Standard*, hernach absolvierte er einen Lehrgang bei *News*-Le-
gende Alfred Worm. Der wohl größte journalistische Erfolg
Fleischmanns war eine Aufdeckergeschichte ausgerechnet
aus dem Asylbereich: Ende der 1990er berichtete er über
einen Minderjährigen in Schubhaft. Doch die journalistische Karriere bei *News* ging ihm nicht schnell genug voran, Fleischmann war auf der Suche nach einem festen
Job und landete schließlich als Leiter beim Wiener Verlag
Modern Times. Dort gestaltete er Magazine, etwa für FIAT
oder Ferrari, eines der Produkte hieß *GÖD Magazin*, ist die
Postille der schwarzen Beamtengewerkschaft – und brachte Fleischmann erstmals ins ÖVP-Universum. 2004 wurde
er darauf aufmerksam, dass die niederösterreichische ÖVP
einen Sprecher suchte, weil ihr der bisherige Pressechef ab-
handengekommen war – er bewarb sich also.

Die Bewerbung des 1973 geborenen Ostösterreichers
landete auf dem Tisch von Philipp Maderthaner. Dieser ging für sein Studium nach Wien und brauchte einen
Nachfolger.

Das Geschäft des Pressesprechers lernte der, der selbst
einmal zum Mann fürs Grobe bei den Türkisen werden
sollte, von den Männern fürs Grobe in der niederösterreichischen Volkspartei. Fleischmann arbeitete dort mit Er-

win Prölls rechter Hand, Peter Kirchweger. Sein Chef war der damalige Landesgeschäftsführer der niederösterreichischen ÖVP, Gerhard Karner. Die niederösterreichische ÖVP gilt als am strengsten organisierte Landespartei, nirgendwo war die Volkspartei je professioneller aufgestellt – zumindest bis die hauptsächlich aus Niederösterreichern bestehende türkise Truppe, die den Geist der mächtigsten aller Landesparteien inhaliert hat, die Bundespartei übernahm.

Spätestens mit seinem Wechsel zur niederösterreichischen ÖVP kam schließlich auch das Ende der musikalischen Laufbahn, und das hatte nicht zuletzt politische Gründe: Im Grunde war Fleischmann für Dayna Metropolis nämlich immer etwas zu bürgerlich. Fleischmanns Vater, ein Vermessungstechniker, war ÖVP-Gemeinderat im burgenländischen Wimpassing. Seine Mutter war Beamtin, zwischenzeitlich sogar Sekretärin von Wolfgang Schüssel im Bundeskanzleramt. Er selbst war zwar nie in der JVP oder in der Schülerunion, auch in keiner katholischen Schüler- oder Studentenverbindung, doch Fleischmann legte das in ihm stark verwurzelte Bürgerliche selbst in wilden Rocker-Tagen nicht und nicht ab, erzählen einstige Weggefährten. Dass er zwischenzeitlich mit den Theorien des Buches *Die Globalisierungsfalle* des linken Politik-Quereinsteigers Hans-Peter Martin liebäugelte, war schon das höchste der Gefühle wider die Österreichische Volkspartei. Außer Fleischmann waren bei Dayna Metropolis alle Mitglieder gestandene Linke – der Leadsänger konnte also unmöglich eine wichtige Figur der ÖVP sein, schon gar nicht der niederösterreichischen.

Doch die Härte, die Fleischmann in dieser berüchtigten Organisation erlernte, wurde schließlich zum Trumpf der Türkisen in PR-Fragen. Zwar zierte er sich 2011 noch, als Kurz Staatssekretär wurde. Fleischmann hielt ihn für zu jung, wollte stattdessen entweder die Politik für die Gesundheitsbranche verlassen oder zu einem anderen Minister, wie etwa dem Bauernbündler Nikolaus Berlakovich, wechseln. Erst, als Parteichef Michael Spindelegger ein Machtwort sprach, gab Fleischmann nach. Der Deal: Die ersten Interviews des Jungspundes sollte Fleischmann noch vorbereiten, beaufsichtigen und glattbügeln (das war bei den Interviews des Spitzenpolitik-Anfängers auch dringend notwendig), danach sei er frei. Aus der vereinbarten Woche wurden zwei, dann drei und irgendwann ein dauerhafter Vertrag. Zum Zeitpunkt des zweiten Einzuges ins Kanzleramt 2020 war Fleischmann neun Jahre an der Seite von Sebastian Kurz. Wie der Rest des Teams ist Fleischmann hochprofessionell, Fehler unterlaufen ihm kaum – jedenfalls, seit er bei Kurz ist.

Früher, da gab es bei Fleischmann noch kurze Pausen in puncto Professionalität: Es war rund um das Jahr 2008, Fleischmann war Sprecher der ÖVP, da passierte ihm ein potentiell folgenschweres Missgeschick. Die ÖVP befand sich wieder einmal im Clinch mit einer reichweitenstarken Boulevardzeitung, deren Namensnennung an dieser Stelle nicht weiter vonnöten sein soll. Nach einer Reihe kritischer Artikel über die ÖVP war Fleischmann überzeugt: Das Blatt hat es auf die Schwarzen abgesehen, er wähnte sich auf der Spur einer fiesen Kampagne gegen die ÖVP. Also heckte Fleischmann einen Plan aus, wie man darauf reagieren könnte und schickte ihn, garniert mit unfreundlichen Worten, an andere ranghohe Mitarbeiter der Partei. Blöd nur, dass er sich vertippt hat und die böse Nachricht auch an einen Politikredakteur exakt jener Zeitung schickte, gegen die sich das Schriftstück richtete. Wie er es geschafft hat, die Sache wieder geradezubiegen und eine Veröffentlichung zu verhindern, ist nicht überliefert – aber jedenfalls war es eine respektable Leistung.

Der Grund, warum diese alte und vermeintlich unbedeutende Anekdote an dieser Stelle überhaupt ausgegraben wird, ist ihre Einzigartigkeit: Denn trotz der exponierten Art und der teilweise emotionalen Arbeitsweise Fleischmanns ist aus all den Jahren kein weiterer derartiger Lapsus bekannt. Fleischmann macht, wie so viele Kurz-Leute, so gut wie keine Fehler dabei, dem ÖVP-Chef in der Öffentlichkeit den Rücken freizuhalten.

Bei dieser Aufgabe kannte Fleischmann kein Pardon: Kritische Zeitungsartikel über Kurz hatten nicht selten zur Folge, dass der Pressesprecher zum Telefon griff und beim jeweiligen Redakteur oder gleich dessen Vorgesetzten »intervenierte«, wie es in der Branchensprache heißt. Das ist grundsätzlich nicht unüblich, fast alle Parteien sind versiert in der Intervention. Das ist also wahrlich keine Erfindung der Türkisen.

Das Besondere an Fleischmann in diesen Angelegenheiten ist allerdings die Entschlossenheit, mit der er dabei stets vorging. Wenn sich Fleischmann über einen Bericht ärgerte, der seiner Meinung nach falsch, unfair oder zumindest unausgewogen war, dann tat er das als Sprecher nicht nur mit professionellem Pflichtbewusstsein, er agierte vor allem bei klassischen Kurz-Themen wie Migration und Sicherheit scharf und mit ideologischer Inbrunst. Das teilte er einem gerne auch wortreich mit. Sich wie andere Politiker und Pressesprecher einfach damit abfinden, dass ein Artikel gedruckt und damit nicht mehr zu verändern ist? Keine Option für Gerald Fleischmann. Mittlerweile zog sich Fleischmann aus dem alltäglichen Sprecher- und Interventionsgeschäft zurück, diesen Job übernahmen sukzessive andere Türkise.

Fleischmanns Härte wusste Kurz all die Jahre zu schätzen: Er stieg rasch vom Sprecher zum Kommunikationschef und Strategieberater auf. Kurz erklärt, warum: »Er ist ein Überzeugungstäter. Keiner, der heute ein Waschmittel, morgen eine Bank und übermorgen einen Politiker medial verkauft.«

Unter Journalisten ist Fleischmann aufgrund seiner Gangart berüchtigt: Eine *Standard*-Kolumne über die Art und Weise, wie Kurz und sein Mann fürs Grobe kommunizieren, trug einmal den Titel »Wenn der Fleischmann zwei Mal klingelt«. Der *Falter* nannte ihn im Titel eines Porträts Anfang 2020 wenig schmeichelhaft »den Mediendompteur«.

Der Job des Dompteurs betrifft nunmehr zum Großteil die eigenen Parteifreunde: Denn die türkise Kommunikationsmaschinerie mit Fleischmann an der Spitze bestimmt, was öffentlich gesagt werden darf – und was nicht. Manchmal sogar über die Grenzen der Volkspartei hinaus: Gemeinsam mit Kurz-Pressesprecher Johannes Frischmann wurden von Fleischmann am Beginn der türkis-blauen Ära sämtliche Interviews der freiheitlichen Minister vor deren Veröffentlichung kontrolliert, ob sie den türkisen Kommunikationszielen wohl nicht zuwiderlaufen. Die Idee dahinter: Es sollte über jene Themen geredet werden, die gerade auf der medialen Speisekarte der Bundesregierung standen. Die Autorisierung von Interviews war freilich zuvor schon üblich – dass die Kurz-Partie aber auch bei anderen Ministern und sogar beim Koalitionspartner genau mitlas, bevor die Texte an die Redaktionen zurückgeschickt wurden, war es nicht. Mehr noch: Medienauftritte folgten plötzlich einem strikten Regieplan, selbst Begutachtungsfristen im Parlament wurden zu Beginn der türkis-blauen Ära im Sinne der Vermeidung öffentlicher Kritik umgangen, indem die Koalition Regierungsvorhaben als sogenannte Initiativanträge im Parlament einbrachte und im Eiltempo beschloss. Jeder Montag besteht für türkise Minister, den Nationalratspräsidenten und die Chefs von Klub und Bünden aus einer Strategiebesprechung mit Kurz. In diesen Sitzungen erfahren die ÖVP-Politiker, welcher Themen sie sich wann annehmen sollen und was öffentlich verkündet wird. Parallel dazu erhalten die Pressesprecher der Minister von der Kurz-Truppe ihre Anweisungen. Meistens leitet Pressechef Johannes Frischmann diese Runden, in den wirklich wichtigen Fällen aber tut es immer noch Fleischmann, verraten Insider.

Die Art und Weise, wie Regierungsvorhaben an die Öffentlichkeit gebracht wurden, hat Fleischmann für den Kanzler nachgerade revolutioniert. Politische Inhalte wurden plötzlich nur noch stückweise verkauft. Anstatt wie früher an einem Tag ein Maßnahmenpaket vorzulegen und dann die Kontrolle über die öffentliche Debatte aus der Hand zu geben, gehen es die Türkisen seit jeher anders an.

Beispiele dafür existieren zuhauf: Die türkisen Minister der neuen Regierung wurden nicht auf einmal, sondern einem genauen Plan folgend einen Tag nach dem anderen der Öffentlichkeit vorgestellt. Allein die Bekanntgabe der Namen zog sich über eine Woche – da war noch keine Rede von einem Programmpunkt. Schon das erste Wahlprogramm von Sebastian Kurz wurde 2017 in mehreren Tranchen präsentiert, praktisch jede halbwegs relevante Regierungsmaßnahme wurde in ihrer Präsentation maximal in die Länge gezogen. Bevor etwa der Familienbonus wirklich beschlossen wurde, verkündete Türkis-Blau einst Einigungen auf eine »Punktation« (rechtlich ist das völlig irrelevant, medial ließ es sich dennoch im großen Stil verwerten), dann auf einen Beschluss im Ministerrat und schließlich im Parlament. Insgesamt wurde die Maßnahme mindestens fünf Mal der Öffentlichkeit neu präsentiert. Diesem Muster folgte man auch bei der türkis-blauen Steuerreform – geteilt in mehrere Schritte, der Öffentlichkeit präsentiert über mehrere Etappen, alles strikt nach einem vom Kanzleramt ersonnenen Regieplan. Wirklich neu war meist nur ein kleines Info-Häppchen. Bemerkenswert: Im Nachhinein monierte selbst der blaue PR-Großmeister Herbert Kickl, dass es rund um die türkis-blaue Tarifsenkung »zu viel an Inszenierung« war. »Zwei Jahre lang«, so Kickl, habe man »tibetanischen Gebetsmühlen« gleich dasselbe Produkt verkauft. Allein: Es funktioniert, und auf diese Art der tröpferlweisen Kommunikation ist jedenfalls gesichert, dass auch wirklich kein Detail unter den Tisch fällt, wenn die Regierung das nicht will.

Auf die bewährte Salami-Taktik setzte Kurz auch in der Corona-Krise, und zwar abermals auf Anraten Fleischmanns und Stefan Steiners. Diesmal diente das Ganze allerdings nicht dem Zweck, die eigene Politik maximal auszuschlachten, sondern vor allem der Vermeidung von Panik in der Bevölkerung – ein Zustand, an dem das Land in Anbetracht der Hamsterkäufe in den Supermärkten an den Tagen nach der Verkündung der ersten Corona-Restriktionen nur relativ knapp vorbeischrammte. Also begann die Regierung mit dem Sperren von Schulen und Geschäften, Lokale durften fürs erste noch bis 15.00 Uhr geöffnet bleiben. Zu diesem Zeitpunkt wusste die Kurz-Partie längst, dass es sich dabei nur um Zwischenschritte zu den Quasi-Ausgangssperren handelte. Man wollte sie den Leuten nur nicht auf einmal zumuten.

Dahinter steckt eine tiefe Überzeugung Gerald Fleischmanns, die auf den legendären *Krone*-Gründer Hans Dichand zurückgeht. Dieser sagte einmal, dass man dem Leser nie mehr als »eine halbe Nasenlänge« voraus sein dürfe, sonst folge er einem nicht mehr. Die alte Dichand-Doktrin ist nicht weniger als Fleischmanns oberste Handlungsmaxime: Niemals dürfe sich ein Politiker weiter als »eine halbe Nasenlänge« vor dem Wähler bewegen, wenn er ihn »mitkriegen« möchte.

Dass die Regierungsarbeit in den ersten Wochen der Corona-Krise so gut bewertet wurde, hatte nicht zuletzt mit der herausragenden Kommunikationsarbeit des Kanzleramtes zu tun – und diese geht zu weiten Teilen auf Fleischmann zurück. Einer breiteren Öffentlichkeit wurde er bekannt, weil er bei sämtlichen Pressekonferenzen der Regierung – an manchen Tagen gab es ja bis zu vier – als Moderator agierte. Dieser Job beginnt übrigens stets vor dem offiziellen Start des Medienauftritts. Meistens bekommen die Minister von ihm vorab ein Briefing, kommunikativen Kontrollverlust kann Fleischmann nämlich gar nicht leiden, schon gar nicht in der Krise. Bevor ein Minister im Kanzleramt auftrat, wurden aus den jeweiligen Ressorts Themen an Fleischmann und Kurz-Sprecher Johannes Frischmann eingemeldet – die zwei überlegten sich dann einen Regieplan, wer wann mit welchem Vorschlag an die Öffentlichkeit gehen könnte.

Zudem managte Fleischmann die Informationskampagne der Regierung mitsamt Fernsehspots und allem Drumherum, um die Menschen vom Daheimbleiben zu überzeugen. »Schau auf dich, schau auf mich«, so lautete die Kernbotschaft. Damit nicht genug, stand Fleischmann einer Truppe vor, die als »digitaler Krisenstab« kursierende Fake-News zum Thema Corona im Internet bekämpfte.

Lange vor der Corona-Krise, unter Türkis-Blau, etablierte Fleischmann noch eine weitere Revolution der politischen Kommunikation: Einem 100-Tage-Plan folgend, den gibt es auch unter Türkis-Grün, hat jede Woche ihre Schwerpunkte. Die Idee des Ganzen: Die Regierung soll medial agieren, nicht wie in rot-schwarzen Zeiten im ständigen öffentlichen Diskurs andauernd reagieren müssen. Bevor eine Maßnahme mittwochs im Ministerrat präsentiert wird, haben Fleischmann und Co. die Eckpunkte des Vorhabens am Samstag davor meist schon in Häppchenform an die Redaktionen kurz zusammengefasst geschickt. Zitate der zuständigen Minister und nicht selten des Kanzlers werden mitgeliefert, unter Türkis-Blau versendete die ÖVP auch gleich die Zitate der FPÖ-Politiker dazu. Die Papiere gibt es unter Türkis-Grün immer noch, allerdings, zumindest am Beginn der Regierungszeit, ohne Zitat eines Grünen. Der Effekt: Damit waren plötzlich die auflagenstarken Sonntagszeitungen voll mit den Vorhaben der Regierung.

Das Urteil, mit dem Berichte über Gerald Fleischmann an dieser Stelle meist enden, lautet so: Ein harter Hund, der die türkise Message hochprofessionell kontrolliert und verkauft. Ende.

Doch es wäre viel zu einfach, den Mann, der meistens ausgewaschene Jeans zu weiten Sakkos und eine rahmenlose Brille trägt, nur als Mann fürs Grobe darzustellen. Ein Grobian ist bald einmal einer, doch Gerald Fleischmann ist mehr als das. Weggefährten nennen den Vater einer Tochter gar feinsinnig, wenn auch auf seine eigene Art und Weise. Zumindest aber ist er ein extrem kreativer und letztlich ambivalenter Mensch. Fleischmann ist nicht nur Hardrocker und Bühnenanzünder, der Türkise ist auch leidenschaftlicher Klavierspieler. Während Interviews oder Besprechungen kritzelt er in seinen Notizen vor sich hin, er zeichnet entweder kleinteilige Muster oder Comics. Fleischmanns Sprache strotzt nur so vor starken Bildern, er kann nachgerade in Boulevardschlagzeilen denken. In einem Politik-Team wie jenem von Kurz, das überproportional viel Augenmerk auf professionelle Kommunikation und die richtige Inszenierung legt, ist so eine Denkweise pures Gold wert. Wird im türkisen Machtzirkel eine Idee besprochen, dauert es oft nur ein paar Minuten, bis Fleischmann die zu erwartenden Schlagzeilen der Zeitungen zu erahnen versucht – und nicht selten richtig liegt, wie Vertraute berichten. Wenn der Zirkel um Kurz, bestehend aus Steiner, Melchior, Fleischmann und Co., große

Entscheidungen wie etwa die Koalitionsfrage nach dem Auftauchen des Ibiza-Videos zu treffen hat, ist es Fleischmanns Aufgabe, die Lage an seiner Front zu antizipieren und zu prognostizieren – an der Medienfront.

Überdies stammen nicht wenige Kurz-Hits aus der Feder des einstigen Songschreibers. So ist Fleischmann etwa der Urheber des Ausspruchs, laut dem die türkis-grüne Koalition »das Beste aus beiden Welten verbindet«. Dass es oberste Regierungsmaxime sei, »das Klima und die Grenzen« zu schützen, hat sich ebenfalls Fleischmann ausgedacht.

Kurz verwendete diese pathetischen, aber ohne Frage wirkungsvollen Sprachbilder in den ersten Wochen der neuen Regierung ohne Unterlass in Interviews, unter anderem im großen Antrittsgespräch beim deutschen Boulevardriesen *Bild* aus dem deutschen Springer-Verlag. Dass Kurz dem Blatt, das ihn seit Jahren »Ösi-Kanzler« nennt und als großen Gegenspieler Angela Merkels einzementiert hat, eines seiner ersten Interviews als Kanzler gibt, war alles andere als Zufall.

Schon in jungen Jahren legte Kurz extrem viel Wert auf ein gutes Verhältnis zu den Chefetagen der großen Zeitungsverlage. Selbst der später zum politischen Feind avancierte Ex-Raiffeisen-Boss Christian Konrad förderte Kurz zu Beginn noch und soll den Chefetagen seines Raiffeisenverbundes – darin finden sich Titel von *Profil* bis *Kurier* – demonstrativ seine Sympathie für den jungen Politiker mitgeteilt haben. Auch in den Führungszirkeln anderer heimischer Medienhäuser war die Kurz-Truppe um Fleischmann bereits vor vielen Jahren ausgezeichnet vernetzt.

Und mit dem Springer-Verlag ist Kurz eben besonders eng verbunden. Einer der vielen Belege dafür: Bei Deutschlandaufenthalten von Kurz wurden vom Verlag der *Bild* und der *Welt* zu Ehren des »Ösi-Kanzlers« hochkarätig besetzte Abendessen im 19. Stock des Verlagshauses über den Dächern der deutschen Bundeshauptstadt ausgerichtet. Da kommt dann auch extra die Beletage des Medienkonzerns zusammen: Springer-Vorstandschef Matthias Döpfner, *Bild*-Chefredakteur Julian Reichelt, *Welt*-Chefredakteurin Dagmar Rosenfeld und *Bild*-Starreporter Paul Ronzheimer, der auch die erste offizielle Biografie von Kurz verfasst hat. Bei den Essen mit Springer waren zuletzt – es mag angesichts der Positionierung des Blattes wenig verwundern – nicht selten der langjährigen Kanzlerin kritisch gegenüberstehende Kaliber wie Gesundheitsminister Jens Spahn oder Innenminister Horst Seehofer mit von der Partie. 2019 wurde die nunmehrige EU-Kommissionspräsidentin Ursula Von der Leyen zu einem Kurz-Abendessen eingeladen.

Der Mann, der sich im Kurz-Presseteam um Außenpolitik und internationale Medien kümmert, heißt Etienne Berchtold, ist promovierter Völkerrechtler und ausgebildeter Diplomat. Der Tiroler war über Jahre die freundliche Sprecher-Alternative zu Fleischmann und baute für Kurz in den vergangenen Jahren ein beachtliches Netzwerk zu

Redaktionen auf der ganzen Welt auf. Fleischmann ist bei all den Kurz-Ausflügen selten dabei, mit Ausnahme der ganz großen Trips natürlich: Als der Kanzler 2019 Donald Trump besuchte, durfte auch Fleischmann dem US-Präsidenten die Hand schütteln.

In Deutschland und den dortigen Medien wird Kurz teilweise gefeiert. Einen konservativen Politiker wie ihn gibt es dort de facto nicht, für viele Medien erfüllt er, der junge Regierungschef mit der harten Ausländerpolitik, die Funktion des prominenten Gegenspielers Angela Merkels. »So einen brauchen wir auch!«, titelte etwa die *Bild* in der Corona-Krise, als die deutsche Kanzlerin noch mit den Ländern über Maßnahmen verhandelte, die der »Klartext-Kanzler« aus Österreich bereits umgesetzt hatte. Regelmäßig spielt Kurz auch national neue Themen in Interviews mit *Bild*, *Welt* und Co. auf, er ist Stammgast im deutschen Fernsehen. Wie wichtig ihm all das ist, zeigte nicht zuletzt besagter Marathon an Antrittsinterviews nach Verkündung der türkis-grünen Regierung Anfang 2020. Jedes größere Medium bekam ein zwanzigminütiges Interview mit nur minimal voneinander abweichenden Antworten – abgesehen von der *Bild* nahm er sich nur für die *Kronen Zeitung* eine ganze Stunde Zeit.

Überhaupt ist die *Krone* für Fleischmann Vorbild und Leitmedium, sein politischer Grundsatz ist nicht umsonst die stets einzuhaltende halbe Nasenlänge Vorsprung gegenüber dem Volk. Die *Krone* belehrt oder bekehrt ihre Leser nicht, das soll Fleischmann und Kurz zufolge auch die Politik nicht mit ihren Wählern tun, siehe Flüchtlingskrise, Sicherheits- oder Budgetpolitik. Die Türkisen orientieren sich weniger an der Meinung jener, die sie zu den »Eliten« zählen, sondern mehr an den Sorgen des Durchschnittsbürgers aus dem niederösterreichischen Niemandsland. Wenn Kurz und Fleischmann über Medien sprechen, unterscheiden sie penibel zwischen »öffentlicher Meinung« und »veröffentlichter Meinung«. Veröffentlichte Meinung, das sind für Fleischmann und Kurz die verkopften Ansichten von Journalisten. Als »öffentliche Meinung« firmiert hingegen das, was die Leute nach Ansicht der Türkisen wirklich denken, und danach richten sie ihre Politik aus. Gestützt nicht selten von unveröffentlichten Umfragen, die sie in Auftrag gegeben haben.

Bevor Fleischmann und Kurz ihre hocherfolgreiche Symbiose starteten, kam es allerdings immer wieder zu kleineren Reibereien zwischen ihnen. Als der deutlich Jüngere der beiden 2009 Chef der JVP wurde, leitete Fleischmann bereits die Presseabteilung der Volkspartei. Das bedeutet, dass der Burgenländer auch dafür zuständig war, Presseaussendungen von ÖVP-Bünden wie eben der JVP freizugeben. Für die Junge ÖVP rund um Kurz und Axel Melchior war das ein Ärgernis, denn der Pressemann würgte regelmäßig und aus für sie völlig unverständlichen Gründen ihre kecken Initiativen ab – bis sie irgendwann erforschten, wie der parteiinterne Zensor zu umgehen war: Man könnte ja, so die Idee der damaligen Kurz-Truppe, die eine oder andere Kurz-Aussendung selbst bezahlen und nicht über den offiziellen Kanal der ÖVP an das Aussendungsportal der *Austria Presse Agentur* schicken. Eine Aussendung kostete auf diesem Weg an die 70 Euro, das war selbst für Jungpolitiker im Rahmen der finanziellen Möglichkeiten. Doch wenig überraschend kam Fleischmann jäh dahinter. Zur Strafe schnitt er die Kurz-JVP eine Zeit lang von den Informationskanälen der Partei ab.

Und doch imponierte ihm der junge Kurz, zumindest ein bisschen: Denn dieser junge Mann, der auch das von vielen ÖVP-Politikern gemiedene Migrationsthema unbekümmert anpackte, hatte nach Fleischmanns Ansicht das Geschäft verstanden. Wenige Botschaften, diese dafür klar, knapp und möglichst zugespitzt anbringen, so funktionierte Kurz schon als JVP-Chef. Für Fleischmann, den von der ständig zur Schau gestellten Dialektik der eigenen Partei genervten Sprecher, war so etwas ein Segen. Denn bis dahin hatte er mit ÖVP-Politikern zu tun, die mit dicken Unterlagen bei Pressekonferenzen saßen und sich hernach regelmäßig bei ihren Sprechern beklagten, dass man wegen der ständigen Verknappung in den Medien nie die Bühne bekomme, jede Facette einer politischen Maßnahme in ihrer Vollkommenheit auszubreiten. Fleischmann litt extrem darunter, denn sein Credo stand dem Wunsch nach einem ausgeprägten öffentlichen Diskurs diametral gegenüber: Ein O-Ton in der *Zeit im Bild* dauert im Schnitt acht Sekunden. Was da nicht erzählt wird, existiert nicht, Punkt. Der junge Kurz verstand das.

In Fleischmann'scher Bildsprache funktioniert erfolgreiche politische Kommunikation, kurz zusammengefasst und einmal beiläufig von ihm erwähnt, übrigens so: Ein Politiker gleicht einer Kommunikations-Pistole, jede öffentliche Wortmeldung ist eine Kugel. Das Schlimmste für einen Vollprofi wie Fleischmann ist, wenn nach Lust und Laune in willkürliche Richtungen gefeuert wird, denn dann nimmt jemand Schaden, der keinen nehmen sollte. Wenn Kugeln allerdings erst einmal aus dem Lauf sind, vermag man sie schließlich selbst mit der wüstesten Intervention nicht mehr zu steuern, nicht einmal Fleischmann schafft das dann noch. Stattdessen müsse erst einmal in langer Absprache ein Ziel festgelegt und genau ins Visier genommen werden. Erst dann wird, wie bei Kurz, abgedrückt. Passt die Botschaft, ruhig auch im Dauerfeuer. Wer sich vom kommunikativen Dauerfeuer weniger Botschaften überzeugen möchte, der kann ja die TV-Antrittsinterviews der türkisen Minister Anfang des Jahres 2020 nachsehen: Nicht selten wurden sie erst nach Trainingseinheiten bei Ex-ORF-Moderator Gerald Groß ins Studio der *Zeit im Bild* 2 geschickt und repetierten türkise Slogans anstatt auf konkrete Fragen zu antworten.

Dass Kurz und Fleischmann ähnliche Reflexe hatten, zeigte sich schon früh, unter anderem bei der Besetzung des Audimax-Hörsaals an der Uni Wien im Jahr 2010.

Fleischmann suchte nach einem ÖVP-Politiker, den man ausrücken lassen könnte, um eine polizeiliche Räumung des von vorrangig linken Studenten besetzten Hörsaals zu fordern. Die Wahl fiel auf Fritz Kaltenegger, eine entsprechende Geschichte in der *Kronen Zeitung* wurde bereits vorbereitet. Plötzlich funkte Kurz dazwischen, er hatte dieselbe Idee und versuchte, auf eigene Faust dieselbe Forderung zu stellen. Als Fleischmann das bemerkte, wurde der junge Mann in die Schranken gewiesen, allerdings nicht mehr so unsanft wie nach den geheimen Presseaussendungen. Kurz durfte an der Seite Kalteneggers die polizeiliche Räumung des Hörsaals fordern.

Exakt zehn Jahre später bot Kurz seinem einstigen Widersacher im Kampf um Aufmerksamkeit an, Staatssekretär zu werden. Der Burgenländer wollte das allerdings nicht, stattdessen wurde Fleischmann zusätzlich zu seiner strategischen PR-Arbeit für Kurz auch der Medienbeauftragte des Kanzlers, sprich: Er verantwortet fürderhin auch heikle Themen für den Medienstandort, von ORF-Gesetz bis hin zur Presseförderung.

Wer Fleischmann fragt, wie seine Zusammenarbeit mit Kurz in all den Jahren aussah, bekommt übrigens auch hier die Antwort in Form eines Bildes. Die ganze Truppe funktioniere wie eine Band, jeder spielt sein Instrument. Nur ist in diesem Fall eben nicht Fleischmann der Frontmann und Leadsänger, sondern Kurz. Die Doppelseite einer Zeitung

– sagen wir, der *Kronen Zeitung* – über ein Regierungsvorhaben ist für Fleischmann schließlich wie ein gelungener Song. Vorausgesetzt, alle haben ihre Aufgaben professionell erledigt, sodass Band und Leadsänger positiv wegkommen. Gelingt das, spricht der oberste Medienmann des Kanzlers von einem »Gesamtkunstwerk«.

Das ist der Antrieb des Künstlers Gerald Fleischmann.

JOHANNES FRISCHMANN ...

... geboren 1980, ist Chef-Pressesprecher der Türkisen und orchestriert tagtäglich den Außenauftritt der Regierung. Der dreifache Vater stieß als einer der wenigen von außen in den elitären Kurz-Zirkel vor. Kurz: »Unendlich fleißig.«

OBERSTER MESSAGE-KONTROLLEUR

Vom Wiener Ballhausplatz sind es exakt 54 mit dunkelrotem Teppich überzogene Stufen aus Stein in den ersten Stock des Bundeskanzleramtes. Nach Durchschreiten einer weißen Flügeltür und eines zur Gänze mit Wandspiegeln verzierten Ganges im rechten Gebäudeflügel steht sie, und zwar direkt neben dem einstigen Arbeitszimmer von Zensurfürst Metternich: die Schaltzentrale der türkisen Message Control.

In diesem Zimmer – am Türschild unspektakulär mit der Zahl 205 gekennzeichnet – fanden nach dem Ersten Weltkrieg die ersten Ministerratssitzungen statt. Heute wäre das platzmäßig relativ schwierig, damals aber hatten Bundesregierungen noch wesentlich weniger Mitglieder und diese hatten weniger Anhängsel. In der Mitte des Raumes steht ein großer Arbeitstisch, darüber hängt ein prunkvoller Luster. Zur Entspannung gibt es einen nicht sonderlich hart aufgepumpten Adidas-Fußball, es ist jener Ball, mit dem in der deutschen Bundesliga gespielt wird, und einen kleinen Basketballkorb in der Ecke.

Heute sitzen hier zwar keine Regierungsmitglieder mehr, allerdings die realpolitisch ebenfalls mächtige PR-Truppe des Bundeskanzlers, etwa der für Außenpolitik zuständige Kurz-Sprecher Etienne Berchtold, Pressereferent Rupert Reif und ein gewisser Arno Melicharek – besser bekannt als Schredder-Mann.

Den Namen trägt der junge Steirer, seit er im Sommer 2019 eine Politaffäre ausgelöst hatte, indem er aus Vorsicht vor SPÖ-nahen Datendieben Druckerfestplatten unter falschem Namen vernichten ließ – und dummerweise vergaß, die Rechnung zu bezahlen. Das der Volkspartei offenkundig nicht gerade gutgesinnte Unternehmen zeigte ihn daraufhin an, kurzzeitig dachten Ermittler, Politiker und Journalisten sogar an einen Zusammenhang mit der Ibiza-Affäre, auch eine Hausdurchsuchung gab es. Im Zuge der Affäre wurden noch dazu Bilder aus Überwachungskameras, auf denen der Schredder-Mann beim Schreddern in Schwarz-Weiß zu sehen war, an die Öffentlichkeit gespielt. Zwar wurden die Ermittlungen jäh eingestellt, in den ersten Wochen aber tobte ob der unkonventionellen Datenvernichtung helle Wahlkampfaufregung, die Causa füllte sogar etliche Titelseiten von Zeitungen. Dass Kurz dem jungen Schredder-Mann, der eigentlich für die Erstellung von Fotos und Videos zuständig ist, ob dieses epochalen Bocks nach einem kurzen Urlaub seinen alten Job wiedergab, anstatt ihn fallen zu lassen, sagt viel über die türkise Nibelungentreue aus: Wer auf die »Work-Life-Balance« pfeift und bedingungslos loyal ist – das tut und ist der Schredder-Mann ohne jeden Zweifel – der wird im System Kurz nicht fallengelassen.

Einer, der sich besonders vehement vor Melicharek gestellt hatte, war Johannes Frischmann, der Kopf der Truppe in Zimmer 205. Er ist Pressechef von Sebastian Kurz und sitzt gleich am ersten der vier Arbeitsplätze. Auf seinem Tisch steht ein Foto, das ihn und seine zwei kleinen Söhne in identen hellblauen Anzügen zeigt. Auf denselben hellen Blauton schwor auch Sebastian Kurz eine Zeit lang, bevor er vollends auf Nachtblau umgestellt hat. Frischmann kombiniert dieses Outfit meist mit Hosenträgern, dazu trägt der 1980 geborene Tiroler Hornbrille und Dreitagebart.

Frischmann ist einer der sichtbarsten Mitarbeiter des Kanzlers: Bei Pressekonferenzen und Interviews ist er stets an der Seite seines Chefs, um ihn vorzubereiten und ihm unangenehme Fragen vom Hals zu halten. Ansonsten koordiniert Frischmann die Öffentlichkeitsarbeit der Regierung.

Um zu veranschaulichen, was das heißt, sehen wir uns einen beliebigen Arbeitstag des Johannes Frischmann an, in diesem Fall soll es ein Donnerstag im Jänner 2020 sein. Anders als sonst gegen Ende der Woche arbeitet er an diesem Donnerstag nicht an einem »Frischi-Papier«.

»Frischi-Papier«, so nennen die Türkisen eine eigentlich federführend von Gerald Fleischmann erfundene Revolution des politischen Verkaufs, den Namen trägt es intern wegen Frischmanns operativer Zuständigkeit. In der Praxis sieht das so aus: Am Samstagvormittag informiert die Kanzlertruppe die Medien von einer neuen Maßnahme, meistens steht ihr Beschluss im Ministerrat bevor. Das Ganze folgt einem 100-Tage-Plan der Regierung, den auch Frischmann in der Schublade hat. Das war unter Türkis-Blau so und gilt auch in der Koalition mit den Grünen. Die Papiere, die Frischmann am Samstag häufig in die Redaktionen schickt, beinhalten eine kompakt zusammengefasste Regierungsmaßnahme – und zwar nicht zwingend eine des Kanzlers, obwohl dessen Mitarbeiter die Feder bei der Erstellung führen. Aufgebaut sind »Frischi-Papiere« wie kurze Zeitungsartikel von bestechender Einfachheit. Sie haben einen Titel (zum Beispiel: »Budget 2019 bringt um fast eine Milliarde besseren Erfolg«) die nach Ansicht der Kurz-Truppe wichtigsten Zahlen (»erstmals seit 1954 ist es in Österreich gelungen, einen Überschuss zu erzielen«) und nötigenfalls die durch türkise Politik nahende Lösung eines Problems. Dazu noch ein Zitat von Kanzler Kurz und des jeweils zuständigen Ministers und voilà: Die Redaktionen sind, wie man im türkisen Jargon zu sagen pflegt, für den nächsten Tag einmal »versorgt«. In puncto Exklusivität existieren mehrere Abstufungen bei diesen Papieren. Mal bekommt bloß eine Zeitung alleine die Informa-

tionen zugesteckt, mal alle, manchmal sind es nur *Krone*,
Kurier und *Österreich*, hie und da ergehen Ankündigungen
auch ausschließlich an die Achse der Bundesländerzeitun-
gen wie etwa die *Kleine Zeitung*.

Der angenehme Nebeneffekt für Türkis, ob gewollt oder
nicht: Samstags sind die Recherchemöglichkeiten aufgrund der personell heruntergefahrenen Redaktionen
und schwer erreichbaren Experten zum Faktencheck ein-
geschränkt. Und vor allem übersteigt die Reichweite der
Sonntagszeitungen jene der anderen Ausgaben bei weitem:
Die *Krone* etwa wird am Sonntag von zweieinhalb Millio-
nen Österreichern gelesen, das entspricht einer Reichweite
von rund 33 Prozent. Unter der Woche sind es im Schnitt
27 Prozent.

An diesen Papieren werkt Frischmann in der Regel an
Donnerstagen, nicht so aber an jenem Donnerstag im Jänner, als er anlässlich dieses Buches seine politische Lebensgeschichte erzählte. Der Grund: Das kommende Wochenende war bereits medial besetzt, schließlich fanden sowohl
in Niederösterreich als auch im Burgenland Wahlen statt.
Wie viel Arbeit man also auch in ein Maßnahmenpapier
investierte, viel mehr als ein paar Kurzmeldungen kämen
dabei nicht heraus, also sparte sich Frischmann die Mühe
gleich. Das Hauptaugenmerk war also auf die Tagespolitik
gerichtet, und da tauchte schon in der Früh ein Thema auf,
das für die Türkisen extreme Brisanz versprach: Die *Krone*
und *Österreich* berichteten nämlich über »traumatisieren-

de Flüchtlingsspiele« in Wiener Schulen. Die Geschichte ging, kurz zusammengefasst, so: Eine politisch nicht gerade am rechten Rand stehende Theatergruppe veranstaltete in Wiener Schulen Rollenspiele, um die Schicksale von Flüchtlingen greifbar zu machen und inszenierte harte Behördenbefragungen sowie lange Wartezeiten an Grenzübergängen. Frischmann las die Berichte gleich in der Früh noch in seiner Wiener Wohnung und schrieb sofort in die *WhatsApp*-Gruppe der türkisen Chefetage, dass es hier ein heikles Thema gebe.

Seine Frage: Was macht man damit? Frischmann schlug vor, auf das Thema offensiv »draufzugehen«, die Minister für Bildung und Integration müssten ausrücken. Die türkise Spitze sah das genauso. Frischmann nahm die Sache also in die Hand, rief die Kabinettchefs von Bildungsminister Heinz Faßmann und Integrationsministerin Susanne Raab an und schilderte den Unmut der türkisen Truppe über die Flüchtlingsspiele, deren Details zu diesem Zeitpunkt noch nicht ganz klar waren. Die Minister folgten der Anregung umgehend: Bereits um 11.37 Uhr vermeldete die *Krone* online, dass der Bildungsminister die Spiele via Erlass sofort stoppen lässt. Auch die Integrationsministerin rückte aus, um die »Flüchtlingsspiele« zu verurteilen. Thema erledigt.

»Wir haben«, erklärt der Chef-Pressesprecher, »ein engmaschiges Screening der Nachrichtenlage und unser Anspruch ist es, in Echtzeit zu reagieren.«

Um diese Reaktion in Echtzeit gewährleisten zu können, beschäftigt die türkise Kommunikationsmaschinerie allein in der Regierung mehr als zwanzig Öffentlichkeitsarbeiter, dazu kommen noch Medienabteilungen in Parlamentsklub und Partei. Die Truppe arbeitet im Grunde genommen wie eine Art Redaktion, sie sucht in der Medienlandschaft nach Themen und greift sie auf. An der Spitze des Medienapparats steht Gerald Fleischmann, operativ führt allerdings Frischmann die Geschäfte über die Grenzen der Ressorts und Institutionen hinaus. »Wir versuchen uns eng abzustimmen, sowohl mit den anderen Ministerien als auch mit dem Parlamentsklub und den Landesparteien«, sagt Frischmann. »Das war früher nicht der Fall.«

Früher, damit meint er die rot-schwarzen Tage der Chaos-Kommunikation. Jeder Minister sagte öffentlich, was er sich dachte, das Ergebnis war ein von vielen als Dauerstreit wahrgenommener Diskurs. »Für mich«, erinnert sich Frischmann, »war politische Kommunikation unter Rot-Schwarz eigentlich immer Krisenkommunikation. Dass es auch anders geht, man auch langfristig planen und strukturiert agieren kann, das habe ich erst 2017 nach Sebastians Wahl zum ÖVP-Chef und Kanzler kennengelernt.« Dass ihm öffentlich niemand aus den eigenen Reihen widerspricht, ist Kurz selbst seit jeher ein zentrales Anliegen: »Es ist aus meiner Sicht ein Gebot der Professionalität, dass eine Partei und insbesondere eine Regierung möglichst geordnet kommuniziert. Ich habe es immer als fürchterlich empfunden, wenn ausländische Regierungschefs oder Außenminister in der Zeit einer rot-schwarzen Bundesregierung in Österreich waren, mehrere Gespräche mit Ministern geführt haben und dann zu einem Thema drei Meinungen aus der österreichischen Bundesregierung gehört haben.« Nachsatz: »Kein Unternehmen der Welt würde so kommunizieren«, sagt der Kanzler.

Oft spricht Frischmann auch gleich selbst mit Amtsträgern und man spart sich den Umweg über ihre Mitarbeiter. So geschah es auch am Nachmittag desselben Donnerstags, als August Wöginger bei Frischmann anrief. Wöginger ist Klubobmann der ÖVP im Parlament, also immerhin Vorsitzender der mit Abstand größten Fraktion im Hohen Haus. Frischmann war entspannt, als der Name eines der ranghöchsten ÖVP-Politiker auf seinem iPhone-Display aufschien. Er begrüßte ihn freundlich, Frischmann nennt ihn »Gust«. Dieser wollte besprechen, wie man mit dem an diesem Tag erfolgten Querschuss eines Grünen umgeht. Am Nachmittag war nämlich der berüchtigte Abgeordnete Michel Reimon ausgerückt, um mitzuteilen, dass er unter keinen Umständen für eine von der ÖVP geforderte Sicherungshaft stimmen werde. Frischmann mahnte zur Zurückhaltung und besprach mit Wöginger, wie sich so etwas künftig verhindern ließe. Wöginger redete mit Grünen-Klubchefin Sigrid Maurer und teilte ihr mit, dass die ÖVP das Thema Sicherungshaft künftig nicht mehr so offensiv in Szene setzen werde, damit die Erklärungsnot der Grünen bei der heiklen Frage, ob Menschen präventiv eingesperrt werden können, nicht noch größer wird. Tatsächlich flaute die Debatte um die Sicherungshaft in den folgenden Tagen ab.

Das Gespräch zwischen Frischmann und Wöginger war symptomatisch für den Stellenwert, den die Kurz-Truppe in der politischen Hierarchie dieses Landes genießt, zumindest im türkisen Teil davon. Wo seine Partie in der Partei hierarchisch steht, das machte Kurz seinen Ministern 2020 sogar noch vor der Angelobung klar. Am 4. Jänner, also drei Tage vor dem offiziellen Start der Regierung, versammelte er alle neuen Minister auf der politischen Akademie der ÖVP in einem Sesselkreis – und zwar gemeinsam mit Stefan Steiner, Bernhard Bonelli, Gerald Fleischmann, Johannes Frischmann und Co. »Das«, sagte Kurz, »ist mein Team«. Dann wurde geschildert, wer wofür zuständig ist: Steiner und Bonelli für Strategie und Inhalte, Fleischmann für Kommunikation und Strategie, Axel Melchior für Organisation und Frischmann eben für operative Pressefragen aller Art. Jeder Minister, dem das vorher noch nicht klar war, muss spätestens in diesem Moment verstanden haben, dass er es hier mit dem Vorstand des türkisen Unternehmens für politischen Erfolg zu tun hat. Kurz stellte in diesem Moment Augenhöhe zwischen seinen Leuten und den Ministern her – und zwar bestenfalls aus Sicht der Minister, für die in den allermeisten Fällen politische Eigenständigkeit im System Kurz eher nur in Spurenelementen vorhanden ist.

Doch die Operation nach innen ist nur ein Teil des Jobs von Johannes Frischmann, die meisten seiner Anrufe gehen an Journalisten. Frischmann führt tagtäglich hunderte Telefonate, und das ist in seinem Fall tatsächlich keine Hyperbel. Einmal, es war im Wahlkampf des Jahres 2017, hat der Tiroler, dem man die Herkunft auch nach zehn Jahren in Wien noch anhört, mitgezählt: Insgesamt führte er an einem einzigen Tag 311 Telefonate. Dreihundertelf. Am anderen Ende sind manchmal Chefredakteure – weil Kurz diese aber mit Vorliebe selbst anruft, spricht Frischmann meist mit jenen, die die Geschichten auch in die Zeitungen schreiben. Mal erzählt er Hintergründiges, mal Offizielles. Angriffe auf politische Gegner werden, seit Sebastian Kurz den »neuen Stil« proklamiert hat, bevorzugt über die Bande gespielt. Frischmann ist geschickt darin, dabei keine Grenzen zu überschreiten. Er verliert äußerst selten die Fassung, er ist zuverlässig und hochprofessionell. In den Jahren an der Seite von Kurz und Fleischmann eignete er sich bei Beschwerden und Interventionen allerdings eine härtere Gangart an, er tritt wesentlich selbstbewusster auf und ist detailversessener als noch in rot-schwarzen Tagen, sagen Weggefährten.

Wie alle wichtigen Mitglieder des Kurz-Zirkels schaut Frischmann an jedem Morgen zuallererst einmal, was in der *Krone* steht. Das ist schon bemerkenswert: Im Gegensatz zu Vorgängern wie Wolfgang Schüssel, der mit Vorliebe die *Neue Zürcher Zeitung* las und mit dem wichtigsten

Blatt Österreichs eher auf Kriegsfuß stand, mag Kurz *Krone* und Ö3 – und das nicht nur aus professionellen Gründen. Kurz ist auch medial da, wo die Mehrheit ist. Frischmann und sein Team teilen diese Sympathie.

Wie ernst sie es mit dieser Zuneigung meinen, wurde im Frühjahr 2019 im Rahmen einer kleinen Feierlichkeit offenbar: Anlässlich des sechzigjährigen Jubiläums der *Krone* kamen Kurz und Frischmann auf einen Überraschungsbesuch in der Redaktion in der Wiener Muthgasse vorbei. Und zwar nicht mit leeren Händen: Die beiden hatte einen Wurlitzer aus dem Jahr 1959 mitgebracht, das ist das Gründungsjahr der größten Zeitung des Landes, wie wir sie heute kennen. Das Gerät der Marke Seeburg spielt Dutzende Austropop-Kracher, von Rainhard Fendrich über Wolfgang Ambros bis hin zu STS und Peter Cornelius. Seit seiner Überreichung durch Kurz und Frischmann steht der Wurlitzer im Konferenzzimmer der *Krone* und erfreut sich hie und da erfolgender Inbetriebnahme. Bei seinem Besuch lobte Kurz die Zeitung als Spiegel der österreichischen Seele, das Gros der Redaktion war bei der Ansprache des Kanzlers versammelt. Irgendwann ertönte »Für immer jung« von Wolfgang Ambros aus dem Gastgeschenk, und so mancher *Krone*-Veteran war sichtlich gerührt. Die Tage im April 2011, als auch die *Krone* die Bestellung von Kurz zum Staatssekretär auf Seite drei als »Denkfehler« Michael Spindeleggers bezeichnet und tagelang über die Aufregung um seine Person berichtet hatte, waren da längst vergessen.

Damals, als Kurz für die *Krone* noch ein Fehlgriff war, hatte Frischmann übrigens noch lange nichts mit dem gerade entstehenden türkisen Universum zu tun. 2011 werkte der Tiroler in der Presseabteilung des schwarzen Parlamentsklubs, erst ein paar Jahre zuvor hatte er seine Heimat für den Job im Hohen Haus verlassen. Zuvor arbeitete er für den einstigen Landeshauptmann Herwig van Staa, in den 2000ern war er Pressesprecher der Landes-ÖVP. 2008 stand Frischmann vor der Wahl, zu Wolfgang Schüssel in den Klub nach Wien zu gehen oder Günther Platters Sprecher zu werden, er entschied sich für Wien. Für kurze Zeit kehrte Frischmann heim nach Tirol, zwischen 2012 und 2013 jobbte er in einer ÖVP-nahen Innsbrucker Werbeagentur. Dort löste Frischmann durch ein Übermaß an Selbstvertrauen einmal sogar eine veritable diplomatische Krise aus: 2013 ersann er ein Wahlplakat, das den ehemaligen italienischen Regierungschef Silvio Berlusconi zeigte, wie er am Steuer eines Fiat 500 an die Wand fährt. Die Szene diente als Warnung vor »italienischen Verhältnissen« in Tirols steter Politlandschaft. Der Geschmähte fand das allerdings nicht so lustig: Berlusconi forderte den Ausschluss der ÖVP aus der Europäischen Volkspartei, das Plakat sorgte in ganz Italien für Wirbel. 2014 kam Frischmann schließlich wieder nach Wien, und zwar als Sprecher des damaligen Finanzsstaatssekretärs und Spindelegger-Intimus' Jochen Danninger.

Frischmann kennt die ÖVP in- und auswendig, er hat trotz seines jungen Alters beruflich bereits 25 Wahlkämpfe miterlebt. Seine Laufbahn ist das, was man in der ÖVP »klassisch« nennt: Er entstammt einem bürgerlichen Elternhaus, der Vater betrieb eine Tischlerei und die Mutter eine kleine Pension. Frischmanns Heimatort ist ein Bergdorf im Bezirk Imst, der niedrigste Punkt seiner Ötztaler Heimatgemeinde Umhausen liegt auf 920 Metern Seehöhe. Frischmanns Elternhaus ist so tiefschwarz wie der gesamte Ort: Bei der Nationalratswahl 2019 erreichte die ÖVP rund sechzig Prozent. Die SPÖ wählten exakt 87 der 2414 Wahlberechtigten. Frischmann besuchte die HTL für Möbelbau und engagierte sich früh in der JVP, er war Landesgeschäftsführer der Jungschwarzen in Tirol und später Stellvertreter von Kurz' Vorgängerin im Chefsessel der Bundes-JVP, Silvia Fuhrmann. Auch Frischmann hat eine ausgeprägte SPÖ-Aversion, kultiviert wurde diese in den Jahren des großkoalitionären Dauerzwists der 2010er-Jahre, ihren Gipfel erreichte sie in den untergriffigen SPÖ-Schmutzkübelkampagnen gegen Frischmanns Boss Kurz im Nationalratswahlkampf 2017 – Stichwort Silberstein.

Wie das Gros der Kurz-Truppe kann der Ötztaler wenig mit dem Cartellverband anfangen, das katholische Verbindungswesen war Frischmann stets zu elitär. Und wie der Rest der Kurz-Truppe lebt auch Frischmann ein klassisches Familienleben: Er hat jung geheiratet, seine Frau besitzt eine Praxis für Physiotherapie in der Nähe von Stuttgart. Dort, wo Frischmanns Frau ihre familiären Wurzeln hat, steht auch das Haus der Jungfamilie – 550 Kilometer vom Kanzleramt entfernt.

Für Frischmann bedeutet das ein aufreibendes Doppelleben: Die Tage von Montag bis Freitag verbringt der möglicherweise emsigste aller Türkisen für Kurz in Wien, wenn möglich jettet er am Freitag nach Deutschland zu seiner Frau und seinen drei Kindern. Am Sonntagabend fliegt der Kurz-Pressechef dann wieder zurück nach Wien. Auch im Hause Frischmann obliegt die Kindererziehung also vorwiegend der Frau. Der älteste Sohn kam zur Welt, kurz nachdem Frischmann für die ÖVP nach Wien aufbrach.

Eine Kostprobe seiner Unermüdlichkeit in der Arbeit für Sebastian Kurz lieferte Frischmann nicht zuletzt in der Corona-Krise ab: Mehrere Wochen arbeitete Frischmann durch und flog auch an Freitagabenden nicht mehr nach Deutschland zu seiner Familie, und irgendwann waren Heimflüge dann kaum mehr möglich. Also verbrachte er in den ersten Wochen der Corona-Krise Tag für Tag bei seiner türkisen Familie im Kanzleramt. Frischmanns Job dabei war die Leitung der medialen Krisenkommunikation. Fast alles von Türkis-Grün Gesagte passierte den Tisch von Frischmann. Es war seine Idee, für den medialen Verkauf des Corona-Hilfspakets einen Slogan von Ex-EZB-Chef Mario Draghi abzukupfern und die Maxime »Koste es, was es wolle!« auszugeben.

Seinen Pressechef nennt Kurz »unendlich fleißig«, vor allem akzeptiere er wie alle anderen Mitglieder seines Teams eine Entscheidung, »wenn sie einmal getroffen ist«.

Bevor sich für den Tiroler die Chance auftat, für Kurz zu arbeiten, überlegte Frischmann, das Wiener Parkett überhaupt zu verlassen. Dass es anders kam, liegt vor allem an Gerald Fleischmann. Fleischmann entfernte sich zunehmend von der klassischen Sprecherrolle, er brauchte im Frühsommer 2017 also Ersatz für die Lücke, die er selbst zu hinterlassen vorhatte. Frischmann kannte er seit Jahren, er hielt ihn für über alle Maße arbeitsam und loyal, also rief er ihn 2017 an und fragte, ob er ins Kurz-Team kommen wollte. Die beiden kannten einander damals eigentlich kaum. Frischmann hatte die JVP-Spitze kurz vor der Übernahme durch den späteren Kanzler verlassen. Dass Kurz ihn in seinen engen Vertrautenkreis holte, hatte wohl nicht zuletzt mit dessen Freundin zu tun: Frischmann arbeitete lange Zeit mit Susanne Thier zusammen, die zwei verstanden sich immer gut. Nicht zuletzt war es der Kurz-Vertraute Thomas Schmid, der eine Rolle bei Frischmanns Beförderung gespielt haben dürfte: Schmid war Kabinettschef des einstigen Finanzministers Hans Jörg Schelling, als dessen Sprecher Frischmann fungierte. Schon für Wolfgang Schüssel arbeiteten Schmid und Frischmann gemeinsam. Der als extrem ehrgeizig bekannte Schmid, der 2019 von Kurz zum Chef der Staatsholding ÖBAG gemacht wurde, leistete Kurz mit Frischmann bereits inhaltliche Schützenhilfe, als der ÖVP-Chef noch Reinhold Mitterlehner hieß.

Hernach punktete Frischmann mit unbändigem Fleiß und bedingungsloser Loyalität Kurz gegenüber. Diese Tugenden brachten ihn in den engsten Kreis des Kanzlers.

Und genau das ist das Bemerkenswerte an der Karriere des Johannes Frischmann: Außer ihm ist es in all den Jahren kaum jemandem gelungen, Einlass in den elitären Kurz-Zirkel zu finden – allenfalls hielt noch Wirtschaftsberater Markus Gstöttner Einzug ins engste Kanzler-Umfeld. Das liegt nicht etwa daran, dass karrierebewusste ÖVP-Mitglieder kein Interesse daran hätten, im Gegenteil. Nahezu jeder auch nur vage mit der ÖVP in Verbindung Stehende wähnt sich im Beraterkreis des Kanzlers. Wirklich drin ist aber nur eine Handvoll. Wer sich in der Partei nach der Truppe umhört, der bekommt Erklärungen wie diese: »An die Partie kommst nicht so leicht ran, die sind da schon extrem hart.« Diese Härte hat sich über all die Jahre bezahlt gemacht.

... geboren 1986, stieß erst 2017 zur Kurz-Partie, ist mittlerweile aber der wichtigste wirtschaftspolitische Vordenker und Netzwerker des Kanzlers. Ebenfalls Ex-Unternehmensberater, ebenfalls wirtschaftsliberal und streng katholisch.

VON DER WARTELISTE INS CORONA-KRISENZENTRUM

Wie hart es ist, in den türkisen Zirkel vorzudringen, das weiß kaum jemand besser als Markus Gstöttner. Es war im Sommer 2013, Sebastian Kurz war noch nicht Außenminister, als der Unternehmensberater über Umwege bei der großen ÖVP-Zukunftshoffnung anklopfte. Denn Gstöttner gefiel, wie selbstbewusst sein Altersgenosse in der Spitzenpolitik auftrat, er war angetan von dessen hartem Zugang in puncto Integration. Und in die Politik wollte er sowieso immer schon, auch wenn ihn sein Lebensweg über die *London School of Economics*, eine international renommierte Spitzenuni, in die hochbezahlte Unternehmensberatung in der berühmten Kanzlei *McKinsey* geführt hat. Gstöttner machte Vertraute von Kurz ausfindig, um über Umwege eine Bewerbung abzusetzen, und schließlich stieß er auf einen jungen Mann, mit dem er offenkundig ein paar gemeinsame Freunde hatte: Bernhard Bonelli, enger Kurz-

Freund und heute dessen Kabinettschef, half mit, dass der Lebenslauf Gstöttners schließlich in der türkisen Truppe landete.

Man traf sich also, und zwar im Wiener Stadtcafé an der Freyung, direkt gegenüber vom Verfassungsgerichtshof im Ersten Bezirk. In Empfang genommen wurde Gstöttner von der türkisen Chefetage höchstselbst: Stefan Steiner und Kurz. Und man war einander sympathisch, Gstöttner äußerte auch prompt seinen Wechselwillen, allein, es sollte noch dauern, bis er an Bord kommen durfte.

Und zwar sehr lange. Circa einmal pro Quartal flog Gstöttner in den Folgejahren aus London in seine Wiener Heimat, und nahezu jedes Mal traf er jemanden aus der Kurz-Truppe. Das ging so bis ins Jahr 2017: Erst im Mai, nachdem ÖVP-Chef Reinhold Mitterlehner das Handtuch geworfen hatte, richtete Kurz dem Langzeit-Bewerber dann endlich den ersehnten Satz aus: »Wenn du noch zu uns kommen magst, jetzt wäre ein guter Zeitpunkt.«

Gstöttner heuerte noch im Wahlkampf des Jahres 2017 an, er half inhaltlich mit und bereitete die Koalitionsverhandlungen mit den Freiheitlichen vor. Mit dem Einzug der Türkisen ins Kanzleramt avancierte er zum Wirtschaftsberater von Kurz. Bis der Kanzler ihm wirklich vertraute, das sagt auch Gstöttner selbst, vergingen allerdings weitere Monate. 2019 stieg der Wiener mit Wurzeln in Niederösterreich schließlich zu Bonellis Stellvertreter als Kabinettschef auf – und war endlich angekommen im türkisen

»Inner Circle«. Wiewohl mancher Kurz-Initmus immer noch zögert, wenn es darum geht, Gstöttner als Mitglied des engsten Vertrautenkreises zu nennen.

Dabei ist seine Rolle von enormer Relevanz: Im Kurz-Team deckt Gstöttner de facto alles Wirtschaftspolitische ab, er organisiert Auftritte des Regierungschefs bei internationalen Konzernen und sitzt dann dort an der Seite des Kanzlers, selbst bei Top-Terminen wie jenem mit *Apple*-Chef Tim Cook. Dass Kurz dort auftritt oder etwa *Facebook*-Gründer Mark Zuckerberg bei einem Deutschland-Aufenthalt im Frühjahr 2020 traf, liegt mitunter am stetigen Kontaktepflegen der Türkisen in der Welt der Konzerne – betrieben wird dieses vorrangig von Gstöttner. Er hat gute Kontakte zu Wirtschaftskammer-Präsident Harald Mahrer und steht in engem Austausch mit Wirtschaftsbossen, um die türkisen Netzwerke konsequent zu kultivieren.

Im politischen Tagesgeschäft agiert Gstöttner als wichtigster Wirtschaftsberater des Kanzlers und gießt das Fundament für so ziemlich alle großen Standort-Maßnahmen der Regierung, unter anderem verhandelt er für das Kanzleramt die geplante Öko-Steuerreform in der »Taskforce« mit Finanz- und Umweltressort.

In der Corona-Krise ist Gstöttner die Schnittstelle zum Finanzressort bei der Ausgestaltung des zig Milliarden schweren Hilfspakets für die Wirtschaft, das mit Wirtschaftskammer, Gewerkschaft und Grünen auszuschnapsen war. Was immer gerade verhandelt wird, Gstöttner sitzt als Vertreter des Kanzleramtes am Tisch. Ab April 2020 leitete er zudem die mehrere Ministerien umspannende Arbeitsgruppe, die sich mit dem Stufenplan für die Corona-Lockerungen beschäftigte. Sprich: Markus Gstöttner spielte eine zentrale Rolle in der Frage, welche Geschäfte wann wieder öffnen durften.

Gstöttners Vita liest sich eindrucksvoll: Nach Matura und Bundesheer ging er zum Studieren nach London, er machte unter anderem Praktika im Investmentbanking und fing schließlich bei *McKinsey* an. Der Wiener lebte zeitweise in Indien, er hatte Projekte in Südafrika und im Libanon, in London wohnte er erst im hippen Viertel Bloomsbury und dann ganz in der Nähe des Hyde Parks im noblen Kensington – das ist übrigens der Bezirk mit dem höchsten Durchschnittseinkommen in ganz Großbritannien.

Anders als der Rest der Kurz-Truppe entstammt Gstöttner nicht unbedingt der klassischen Mittelschicht. Seine Mutter war Lateinlehrerin, sein Vater ist Primar für HNO-Medizin, und seine Matura machte Gstöttner dort, wo schon manch große Karriere ihren Anfang genommen hat: am Wiener Schottengymnasium. Das ist eine katholische Privatschule im Ersten Bezirk, und neben Johann Nepomuk Nestroy drückten dort auch Ex-Kanzler Wolfgang Schüssel, Top-Banker Andreas Treichl oder Karl Habsburg die Schulbank. Als Gstöttner maturierte, waren Mädchen im Schottengymnasium noch nicht erwünscht – das vom Schottenstift betriebene Haus war die letzte reine Bubenschule in Wien.

Gstöttner gibt sich mondäner als der Rest der bemüht bodenständigen Kurz-Truppe, das merkt man schon an seiner Sprache, die er sich offenbar im internationalen Kanzleileben angeeignet hat: Der Kurz-Berater legt keine Angebote, er unterbreitet »Offers«, ein Anruf ist nicht einfach nur ein Anruf, sondern gerne auch einmal ein »Call«. Gstöttner ist Nichtraucher und spult jeden Morgen, bevor er ins Kanzleramt fährt, eine knapp einstündige Trainingseinheit der chinesischen Kampfkunst »Qigong« ab. Er liest Hoffmansthal, Roth, Zweig und Hesse, er hört deutschen Hiphop von Kool Savas und englischen von Eminem. Und doch passt der Wiener, der kurz vor seinem Studium schon einmal bei der Jungen ÖVP in Wien angeklopft hatte, weltbildlich hervorragend in die Kurz-Truppe: Denn auch der wirtschaftsliberale Gstöttner ist dem katholischen Glauben ausnehmend stark verbunden. Bereits nach seiner Matura war er erstmals längere Zeit zur religiösen Findung auf »Einkehr« im Stift Heiligenkreuz, das bis heute eine Art »Stammkirche« für ihn ist. Sein Freundeskreis besteht zu einem beträchtlichen Teil aus Priestern – mitunter sind es gute Bekannte seines erzkatholischen Arbeitskollegen und Kumpels, Bernhard Bonelli. Wie sein Kabinettschef findet Gstöttner die umstrittene Petition »FairÄndern« für Einschränkungen bei Abtreibungen grundsätzlich positiv. Jeden Sonntag besucht er die Heilige Messe, etwa in der Rochuskirche im Dritten Bezirk. Zumindest fast jeden Sonntag: Am 15. März 2020 etwa, erzählt Gstöttner, musste er schwänzen. Er hatte aber eine gute Ausrede: An diesem Tag begann in Österreich die neue Zeitrechnung nach Corona, als das erste große Krisen-Gesetzespaket finalisiert und durchs Parlament gepeitscht wurde.

KRISTINA RAUSCH ...

... geboren 1991, steckt hinter den Online-Identitäten des Kanzlers und anderer türkiser Leitfiguren. Seit Schulzeiten eng an der Seite von Sebastian Kurz. Jüngere Schwester von ÖVP-Personalreserve und Kurz-Intima Bettina Rausch.

DIE TÜRKISE CHEFREDAKTEURIN

Es ist der 15. Februar 2020, später Samstagnachmittag. Auf der *Facebook*-Seite von Sebastian Kurz wurde eben ein Foto hochgeladen, das zwei Menschen beim freundlichen Händeschütteln zeigt. Einer der beiden Herren, er hat sich extra eine Krawatte umgebunden, blickt respektvoll zu seinem weltweit bekannten Gesprächspartner auf.

Er, der respektvoll Aufblickende, das ist der zu diesem Zeitpunkt achtreichste Mann der Welt: *Facebook*-Gründer Mark Zuckerberg. Kurz traf ihn im Rahmen eines Deutschlandbesuchs, man besprach laut dem *Facebook*-Posting »Vorgehen gegen Hass im Netz« und den »steuerlichen Beitrag« von Online-Giganten wie *Facebook*.

Der Beitrag des Bundeskanzlers ist symptomatisch für die Art und Weise, wie die Türkisen bildlich kommunizieren: Der hauseigene Fotograf Dragan Tatic war wie so oft im Tross des Kanzlers, um ihn ins richtige Licht zu rücken. Tatics Fotos, die von der türkisen Presseabteilung vor

Ort oder in Wien ausgewählt werden, folgen meist einem bestimmten Schema: Egal, ob Kurz mit dem Papst, dem US-Präsidenten oder einem ÖVP-Wähler bei einer Veranstaltung in Gramathneusiedl spricht, der ÖVP-Chef hat den aktiven Part auf dem Bild. Kurz ist der, der erklärt und der empfängt, für die anderen bleibt auf den Fotos meist nur die Rolle der staunenden Zuhörer. Auch in der Bildsprache überlassen die Türkisen nichts dem Zufall.

Die Leute scheinen das zu mögen, das gilt auch für das neue Bild von Kurz mit Zuckerberg: Es »gefällt« Tausenden *Facebook*-Nutzern, in den Kommentaren wird der ÖVP-Chef von einer Hundertschaft beglückwünscht: »Hier reichen sich zwei große Persönlichkeiten die Hände«, schreibt ein Kurz-Fan aus Salzburg dazu, »sehr geil ! ! ! ! !« findet eine junge Frau mit Faible für deutschen Hiphop und Kim Kardashian das Treffen laut ihrem Kommentar. Eine andere wiederum sei »stolz dass ich osterreicherinn bin«.

Was diese Kurz-Fans womöglich nicht wissen: Es ist nicht Sebastian Kurz selbst, der hier im Namen von Sebastian Kurz neben einem Profilbild von Sebastian Kurz zu ihnen spricht.

Das meiste stammt nämlich aus der Feder einer 28-jährigen Niederösterreicherin, die trotz ihres exponierten Arbeitsbereichs öffentlich völlig unbekannt ist: Sie, die seit jeher hinter dem virtuellen Ich des Sebastian Kurz steckt, heißt Kristina Rausch und ist die Social-Media-Chefin des ÖVP-Chefs.

Mit dem Zuckerberg-Posting hatte sie allerdings ungewöhnlich wenig Arbeit: In diesem Fall nämlich warf der Kanzler ausnahmsweise selbst ein Auge auf den geplanten Eintrag. Der Text, den die von Rausch angeführte Social-Media-Truppe der övp auf Basis des von den Pressesprechern erstellten Wordings geliefert hat, war ihm in der ersten Version etwas zu lange und kompliziert. Als aus der Lichtenfelsgasse, wo auch das Tatic-Foto ausgewählt wurde, eine neue Version eintrudelte, gab der Kanzler das Posting höchstpersönlich frei. Normalerweise ist das allerdings der Job von Rausch: In einer *WhatsApp*-Gruppe mit dem Namen »Freigaben« läuft auf ihrem iPhone der gesamte Inhalt der Internetseiten des Kanzlers zusammen.

Ein Beispiel: Nach einem Kurz-Auftritt in der *Zeit im Bild 2* Ende Jänner sprach Rausch mit ihrem Team ab, welche Passagen ihr wichtig seien. Rauschs Truppe – das jüngste Mitglied ist noch keine zwanzig Jahre alt, mit 28 Jahren zählt sie zu den Ältesten – schnipselt das Interview hernach in kleine Häppchen und fügt für Smartphone-Nutzer Untertitel hinzu. Wenig später taucht in der *WhatsApp*-Gruppe mit dem Namen »Freigaben« auf Rauschs iPhone ein Ausschnitt des *ZIB2*-Interviews auf, in dem Kurz eine Minute lang erklärt, dass man »sparsam« mit Steuergeld umgehen müsse und »vor allem jene Menschen, die arbeiten, oder ihr Leben lang gearbeitet haben, unterstützen«. Rausch erteilt schließlich die Erlaubnis, dass das Video ins Netz gestellt werden kann.

Und dann geht's ab: Der Interview-Ausschnitt, der bereits im Fernsehen zu sehen war und frei von Neuigkeiten oder konkreten politischen Maßnahmen ist, avancierte bereits in wenigen Stunden zum erfolgreichsten Posting des Kanzlers des Monats. Tausende haben es mit einem »Like« markiert, fast viertausend Menschen verbreiteten es mit ihren *Facebook*-Accouts weiter – das ist ungefähr das Zehnfache von dem, was die Postings von Pamela Rendi-Wagner oder Norbert Hofer an guten Tagen erzielen. Am erfolgreichsten auf *Facebook* sind in der Regel Postings zum Thema Migration.

Wenn sich Rausch bei einem Posting inhaltlich unsicher ist, fragt sie die Sprecher Johannes Frischmann oder Etienne Berchtold. Bei Grundsatzfragen konsultiert sie via *WhatsApp* Kurz-Berater Stefan Steiner, der trifft dann auch in diesem Bereich die Letztentscheidung. An sich aber liegt die Verantwortung bei Rausch. Damit ist sie, wenn man so will, Chefredakteurin eines der größten Medien des Landes. Die Kurz-Seite auf *Facebook* verzeichnet fast eine Million Fans, seit dem Aus der Seite von Heinz-Christian Strache ist sie die mit riesigem Abstand größte virtuelle Plattform eines österreichischen Politikers. In den ersten Wochen der Corona-Krise stieg die Mitgliederzahl der Kurz-Community enorm, im März hatte der Kanzler noch rund 800.000 Fans auf *Facebook*. Zusätzlich zu dieser riesigen Gemeinde, die Rausch mit Neuigkeiten aus dem türkisen Universum versorgt, kommen knapp 400.000 Follower auf *Twitter* und –

Stand Mitte April – 330.000 Abonnenten auf *Instagram*. Der türkise E-Mail-Newsletter, den Rauschs Team bespielt, geht an mehr als 100.000 Menschen. Zum Vergleich: Die renommierte Tageszeitung *Die Presse* verkaufte im zweiten Halbjahr 2019 laut *Österreichischer Auflagenkontrolle* (ÖAK) täglich im Schnitt 68.283 Exemplare im ganzen Land.

Das Bemerkenswerte an der Kurz-Seite: Sie hat vordergründig eigentlich kein spezielles Erfolgsgeheimnis. Der Auftritt ist beispielsweise wesentlich steriler als die Seiten der Freiheitlichen, FPÖ-Chef Norbert Hofer etwa wendet sich laufend mit authentisch-verwackelten Selfie-Videos aus dem Auto an seine Fans. Kurz aber hatte spätestens seit dem Jahr 2017 operativ de facto nichts mehr mit seiner Seite zu tun. Rauschs Team belehrt mit der Seite tagtäglich jene, die behaupten, dass Politiker auf sozialen Netzwerken nur mit gelebtem Diskurs funktionieren können, eines Besseren. Mit dem Kanzler-Account kann man nicht so leicht wie mit anderen Politikern diskutieren, es gibt lediglich seine Slogans, Videos oder Bilder zu bestaunen. Auf *Twitter*, einem doch eher diskursiven Ort, antwortet der Account mit dem Namen »Sebastian Kurz« de facto nie, und doch verzeichnet er mehr als doppelt so viele Follower wie der dort zweitbeliebteste österreichische Politiker, Bundespräsident Alexander Van der Bellen.

Rausch betreute die Kurz-Seite schon, da war sie noch ein persönliches Profil. Nach privaten Kurz-Postings über Prüfungen an der Uni dokumentierte sie die Termine für den JVP-Chef, als sie 2009 für ihn zu arbeiten begann. *Facebook* war zu dieser Zeit nicht nur politisch eine Randerscheinung, man schrieb damals in dritter Person für (gefühlt) eine Handvoll Mitlesender, wie man das von *MySpace* oder *StudiVZ* gewohnt war. Der jungen Truppe lag dennoch viel an *Facebook*, man sah das darin schlummernde politische Potential, und Rausch war die erste, die sich für Kurz der Sache annahm.

Auch bei Rauschs Aufgabenbereich wird sichtbar, wie schwierig die Grenzen zwischen Partei und Regierung im türkisen System zu ziehen sind. Denn nebst dem Kanzler-Account betreut sie auch noch etliche Minister-Seiten. Als beispielsweise Christine Aschbacher und Susanne Raab von Kurz in die erste Reihe geholt wurden, baute Rausch deren Online-Identitäten auf – und zwar von Grund auf. Betreut werden diese für die Kommunikation von Politikern elementaren Seiten übrigens in der Partei, nicht in den jeweiligen Ministerien. Mit anderen Worten: Was die türkise Arbeitsministerin Christine Aschbacher auf *Facebook* mitteilt, wird nicht direkt von der Arbeitsministerin entschieden, ja nicht einmal von deren Team im Ministerium, dieses liefert allenfalls »Wordings«. Die Entscheidungen, was im Internet gesagt wird und was nicht, fallen wie auch bei anderen öffentlichen Äußerungen im Umfeld von Kurz. Auch die *Facebook*-Seite von Corona-Krisenmanager Karl Nehammer wird von der türkisen Truppe aus der ÖVP-Zentrale gestaltet.

In diese stieß Rausch über ihre große Schwester. Es war das Jahr 2009, die jüngste der Rausch-Schwestern bereitete sich gerade auf ihre Matura vor, als der Wiener JVP-Chef Kurz bei einer Landeskonferenz der Jugendorganisation in St. Pölten auftauchte. »Schau, der will Chef der Bundes-JVP werden«, sagte Bettina Rausch zu ihrer kleinen Schwester. »Geh doch zu ihm, er kennt hier ja kaum jemanden.« Die junge Rausch, die noch nicht oft in Wien war, steuerte also auf Anraten ihrer Schwester den 22-jährigen Großstädter inmitten der niederösterreichischen Jungschwarzen an. Sie plauderten über Matura und den L17-Schein Rauschs. Kurz gefiel, dass Rausch zu verstehen schien, wie die ÖVP am Land funktionierte. Einmal fragte er sie nach einer Rede, ob sie ihr gefallen hat. Rauschs Antwort fiel verhalten aus, sie erklärte Kurz, dass er, der in Niederösterreich ohnehin im dringenden Schnöselverdacht stehe, nicht so sehr nach der Schrift reden sollte.

Im darauffolgenden Sommer organisierte ihr Kurz ein Praktikum am JVP-Badestrand in Wien. Ihr erster Job für Kurz bestand also darin, vormittags an der Alten Donau mit Kindern Floße zu basteln und abends JVP-Leuten weißen Spritzer auszuschenken. Im Herbst begann sie schließlich fix für Kurz zu arbeiten – als Referentin für quasi alles und als erste Mitarbeiterin. Die einzige Frage, die Kurz zuvor an sie hatte, lautete: »Sag einmal, kannst du eh ein bissl schreiben?« Rausch, die in ihrer Schulzeit Journalismus-Workshops und später ein Praktikum bei den *Nieder-*

österreichischen Nachrichten gemacht hatte, bejahte. Und ist seither eine der engsten Vertrauten des Kanzlers. Von 2009 bis 2011 war sie in der JVP seine Mitarbeiterin, 2011 wechselte sie mit ihm ins Integrationsstaatssekretariat, 2013 ins Außenamt und 2017 ins Kanzleramt. Seit 2020 koordiniert sie neben ihrem Job als Social-Media-Chefin auch noch die gesamte Kommunikation der Bundespartei.

Jene Schwester, die Rausch einst zu Kurz manövrierte, ist eine mittelgroße Nummer im türkisen Universum der Macht und eine Kurz-Vertraute der allerersten Stunde. Bettina Rausch lernte Kurz 2007 kennen, damals war er gerade Chef der Wiener JVP geworden. 2009 spielte sie als Chefin der niederösterreichischen JVP eine entscheidende Rolle, als er Bundesobmann wurde. Als eine der Älteren in der Jungen ÖVP – Rausch kratzte bereits am Dreißiger – nutzte sie Netzwerk und Erfahrung, um für eine Ländermehrheit pro Kurz zu lobbyieren. Vergessen hat ihr das der Kanzler nicht: »Bettina Rausch verkörpert für mich die moderne Mutter und ist in Zukunft sicher für viele Funktionen eine Option.«

Fürderhin half sie mit, den lange Zeit belächelten Bund in der Partei zu etablieren, nicht zuletzt durch die Gründung des »Club 35«: Der Sinn dieses Vereins ist es, JVP-Mitglieder auch über deren 35. Geburtstag hinaus zu vernetzen. Wenn man nämlich 35 Jahre alt ist, darf man laut Statut der Jungen Volkspartei nicht mehr Mitglied sein. Als Kurz 2015 die Politische Akademie der ÖVP übernahm, holte er genau drei Vertraute ins Direktorium der Akademie: Elisabeth Köstinger, Harald Mahrer und eben Bettina Rausch. Das Quartett legte dabei die nächste Grundlage türkiser Politik: Die sogenannten Innovationsberichte flossen in spätere Wahlprogramme ein. Ein Bericht etwa widmete sich der Digitalisierung, in einem anderen ging es um einen »neu gedachten Sozialstaat«, in dem man von Sozialhilfeempfängern mehr Eigenverantwortung verlangen müsse. 2018 machte Kurz seine niederösterreichische Weggefährtin schließlich zur Leiterin der Parteiakademie im Wiener Springer-Schlössl, er schreibt und telefoniert regelmäßig mit ihr.

Bettina Rausch ist seit Jahren eiserne Personalreserve der ÖVP. Wann immer über neue türkise Minister spekuliert wurde, Rauschs Name fiel zumindest im Hintergrund. Der Hauptgrund, warum die älteste der drei Rausch-Schwestern »nur« niederösterreichische Landtagsabgeordnete und Parteiakademie-Chefin ist, sind ihre zwei Töchter. Eine kam 2017 zur Welt, die andere im Finale der Regierungsverhandlungen 2019.

Genug der ÖVP im Hause Rausch? Noch lange nicht: Der Vater der Rausch-Schwestern war Hauptschuldirektor in Pöchlarn und zehn Jahre lang Bürgermeister von Krummnußbaum. Auch Rauschs Mutter ist Lehrerin. Und die mittlere der drei Schwestern, Carina, arbeitet als Geschäftsführerin am Alois-Mock-Institut. Die Frage, welcher Partei dieses nahesteht, erübrigt sich an dieser Stelle wohl. Gründer und Präsident des Mock-Instituts ist der Kurz-Vertraute und Nationalratspräsident Wolfgang Sobotka.

Im Gegensatz zu ihrer ältesten Schwester Bettina meidet Kristina Rausch das politische Rampenlicht allerdings konsequent. Abgesehen davon, dass sie mit Ministern in Innenstadtlokale auszugehen pflegt und mittlerweile (formal) ranghohe Politikerinnen wie Susanne Raab zu ihren besten Freundinnen zählen, führt sie ein relativ normales Leben: Sie unternimmt kurze Städtetrips und verbringt viel Zeit mit *Netflix*. Morgens vor der Arbeit dreht Rausch eine Laufrunde oder geht ins Yogastudio in der Spiegelgasse im sechsten Wiener Bezirk.

Während etwa Stefan Steiner und Bernhard Bonelli die inhaltlichen Vordenker der Truppe sind, gehört Rausch eher zur Gruppe der weitgehend Ideologiefreien im Kurz-Zirkel. Große gesellschaftspolitische Mission verfolgt sie keine in ihrem politischen Tun. Allenfalls ist es ihr ein Anliegen, dass Frauen näher an die Schalthebel der Macht kommen, klassische Feministin ist Rausch deshalb aber keine. Das Frauenvolksbegehren, in dem unter anderem strenge Frauenquoten und eine 35-Stunden-Woche gefordert wurden, unterzeichnete sie nicht. Auch Bettina Rausch tat das nicht.

Apropos Quote: Rausch ist mit Ausnahme von Außenpolitikberaterin Barbara Kaudel-Jensen und der türkisen Büroleiterin Lisa Wieser die einzige Frau im engsten Umfeld von Sebastian Kurz. Wieser ist seit 2011 die persönliche Assistentin von Kurz, die Tochter einer Volksschulleh-rerin und eines ehemaligen ÖVP-Gemeinderates aus Graz herrscht über den Terminplan des Kanzlers und weiß zu jeder Tages- und Nachtzeit nach einem Blick in die Kalen-derfunktion ihres iPhones, wo ihr Boss gerade ist. Meistens ist die Büroleiterin des Regierungschefs allerdings sowie-so an seiner Seite. Die Grazerin – sie ist seit dem Jahr 2014 verheiratet mit Luca Wieser, dem Eigentümer des Unter-wäsche-Imperiums Palmers – jobbte vor dem Jahr 2011 bei Ex-Innenministerin Maria Fekter und dem Grazer Bürger-meister Siegfried Nagl.

Und doch sind es vorrangig die Männer, die in der Kurz-Truppe den Ton angeben: Rausch mag die Chefre-dakteurin der Kurz-Medien sein, die Rolle des türkisen In-ternet-Gurus hatte bisher aber jemand anderer inne. Sein Name ist Philipp Maderthaner.

PHILIPP MADERTHANER ...

... geboren 1981, steckt hinter der türkisen Umfärbung der
ÖVP und gestaltete die Wahlkampagnen, die Sebastian Kurz
ins Kanzleramt brachten. Daten-Hamster.

DER TÜRKISE MARKETING-GURU

Als Österreich im Jahr 2013 einen neuen Nationalrat gewählt hat, gab es eigentlich nicht viel, worüber man sich
hernach wunderte, dass es möglich gewesen war. SPÖ
und ÖVP verloren, allerdings in einem solch erträglichen
Ausmaß, dass die Große Koalition problemlos fortgesetzt
werden konnte. Blau und Grün legten einmal mehr zu,
die neuen NEOS schafften den prognostizierten Einzug
ins Parlament. Man könnte sagen: Der Überraschungsge-
halt der 25. Nationalratswahl der Republik Österreich war
überschaubar.

Zumindest ein Detail des Wahlergebnisses verwunderte dann allerdings doch: Vorzugsstimmenkaiser war nämlich nicht der damals strahlende und im Wahlkampf noch
in Bademode posierende Oppositionschef Heinz-Christian
Strache, auch die im ganzen Land plakatierten Spitzenkan-
didaten Werner Faymann, Michael Spindelegger und Eva
Glawischnig standen nicht ganz oben auf der Liste der
Politiker mit den meisten Vorzugsstimmen. Platz eins er-

oberte Staatssekretär und JVP-Chef Sebastian Kurz, der zuvor von ÖVP-Chef Spindelegger explizit die Erlaubnis bekommen hatte, einen eigenen Vorzugsstimmenwahlkampf auszuprobieren.

Wie ging das denn vonstatten? Ausgerechnet der lange Zeit gescholtene Polit-Neuling Kurz verwies starke politische Marken wie Strache, Glawischnig oder Faymann plötzlich auf die Plätze?

Die Antwort auf die Frage, wie das ging, lautet: mit der Hilfe des türkisen Marketing-Gurus Philipp Maderthaner.

Die Grundidee der Vorzugsstimmenkampagne, die Maderthaner für Sebastian Kurz entwickelte: Rund um ihn müsse man »eine Bewegung« aufbauen und jedem einzelnen Fan irgendeine Form der Beteiligung ermöglichen. Neben offensivem Marketing via *Facebook* keilte die junge Truppe auf der Straße massiv um Unterstützer – die Objekte ihrer Begierde: Daten. Hatte man beispielsweise einmal die E-Mail-Adresse eines Sympathisanten, konnte man Menschen konsequent mit Nachrichten von Kurz versorgen. In nur einem einzigen Vorzugsstimmenwahlkampf sammelte die Truppe mehr als 50.000 E-Mail-Adressen, die seither regelmäßig mit Kurz-News bespielt werden und die Basis für die »türkise Bewegung« sind. Rund 40.000 Menschen gaben Kurz 2013 ihre Vorzugsstimme.

In der ersten großen Kurz-Kampagne wurde bewusst versucht, den jungen ÖVP-Politiker von der eigenen Partei abzugrenzen, auch eine neue Farbe wurde in diesem

Wahlkampf auserkoren: Maderthaner regte an, die Kampagne in Petrol zu halten. Er kreierte auch Slogans wie »Zukunft wählen«, ersann Plakate und Symbole – und fertig war sie, die erste Kurz-Kampagne mit einer »Bewegung« von 50.000 Menschen, deren E-Mail-Adressen und Eckdaten die Truppe nun kannte. Man könnte auch sagen: Das, was der türkise Werbeprofi 2013 entwarf, war nicht weniger als das digitale und optische Fundament für alle Wahlerfolge, die Sebastian Kurz in den Folgejahren einfahren sollte.

Und die digitale Kurz-Bewegung sollte kontinuierlich anwachsen: 2017 stieg die Zahl an gehorteten E-Mail-Adressen laut Maderthaner auf eine Viertelmillion, 2019 waren es bereits weit mehr als 300.000. Dazu kommt die größte *Facebook*-Fanpage eines österreichischen Politikers. Auch hier hat Maderthaner als einer der Ersten erkannt, wie wichtig Vehikel wie *Facebook* gerade für die türkise Truppe sein können. Die türkise Marketing-Maschinerie weiß genau, wen sie im Netz anspricht, das Zauberwort dafür heißt »Targeting«. Kurz zusammengefasst bedeutet diese Kunst des digitalen Kampagnisierens, bestimmte Personen gezielt mit speziellen Botschaften anzusprechen. Gesehen werden diese nicht wie in klassischen Medien von allen, sondern nur von den bewusst ausgewählten Adressaten. Das machen mittlerweile alle Parteien so, die ÖVP legte in Kombination mit gezielten E-Mail-Kampagnen allerdings enorm früh viel Wert darauf. Das Datensammeln hat

Maderthaner für österreichische Verhältnisse regelrecht perfektioniert: Mit dem Programm *CamBuildr* entwickelte er sogar eine eigene Software, die automatisiert und auf Basis von Verhalten im Netz Daten sammelt, Zielgruppen erstellt und mit ihnen interagiert. Maderthaner suchte Berichten zufolge auch den Kontakt zur später wegen Wahlbeeinflussung aufgeflogenen Datenanalysefirma *Cambridge Analytica*, zur Zusammenarbeit kam es allerdings nicht.

All das zeigt, dass Maderthaner eines weiß: Wie man auf Basis von Daten gezielt Menschen mit bestimmten Botschaften anspricht. Die politische Voraussetzung für den Erfolg dieser Ansprache ist die inhaltliche Klarheit der Türkisen. Während beispielsweise die SPÖ nicht immer genau zu wissen scheint, wen auf der Zielgruppenskala zwischen gutverdienendem Innergürtel-Bobo und Vorstadt-Hackler sie mit ihrer Politik genau erreichen möchte, sind die türkisen Zielgruppen in ihrer Interessenslage vergleichsweise homogen.

Wie wichtig dem digitalen Kanzlermacher Maderthaner der Aufbau einer Community ist, das bringt er in einem seiner »Webinars« – so nennt er seine kurzen und vor pathetischen Phrasen nur so strotzenden Videobotschaften an seine Fans auf *Facebook*, in denen er ihnen Tipps für unternehmerischen Erfolg predigt – auf den Punkt: »Wenn du den Kontakt zu deinen Kunden direkt und kontinuierlich aufbaust, dann kannst du auf diese auch bauen. Egal, was für ein Wirbelsturm da draußen tobt.« Nachsatz: »Wer das nicht hat, der ist auf die Medien angewiesen.«

Damit hält Maderthaner in Präzision fest, was soziale Netzwerke wie *Facebook* zum Paradies der Message Control macht: Denn auf die Medien angewiesen zu sein, das bedeutet Kontrollverlust, und den gilt es im Kurz-Universum mit allen Mitteln zu vermeiden. Auf *Facebook* können unliebsame Fragen und überkritische Kommentare mir nichts, dir nichts gelöscht werden, in den großen Diskurs jenseits der parteipolitischen Gräben muss nicht eingetreten werden, eher geht es um die Bearbeitung und Mobilisierung der eigenen Wählergruppen. Soziale Netzwerke leben von Typen, die daherkommen wie du und ich, sie leben von schönen Bildern, von geschliffenen, knappen und vor allem starken Botschaften, die maximal polarisieren. Die Person steht noch mehr als in klassischen Medien über der Partei, man muss eine Marke sein, um zu reüssieren. Sebastian Kurz ist als Politiker wie gemacht für das Web 2.0.

Maderthaner erkannte diese Vorzüge an Kurz früh, genauer gesagt faszinierte ihn Kurz schon in extrem jungen Jahren. Die beiden lernten einander kennen, als die niederösterreichische ÖVP gerade eine Art Mentoring-Programm ausgeschrieben hatte. Es war das Jahr 2006, Kurz war noch nicht Wiener JVP-Chef und gerade erst am Beginn seines Jusstudiums. Er war damals einer von etlichen JVPlern, die sich in Niederösterreich einen bestimmten ÖVP-Proponenten aussuchen durften, bei dem sie eine Zeit lang hospitierten. Kurz, immer schon interessiert am Marketing, wählte den jungen Kommunikationschef der ÖVP Niederösterreich: Philipp Maderthaner.

Abgesehen davon, dass in diesen Tagen eine enge Freundschaft zwischen den beiden Burschen entstand, merkte Maderthaner eines: Da war ein junger, direkter und unprätentiöser Kerl in der ÖVP, ausgestattet mit großem Selbstvertrauen und einem unglaublichen Zug zum Tor. Jemand, der wie Maderthaner in solchen Momenten sofort in Verkaufsfragen denkt, sah also einen Politiker, den es seiner Meinung nach so auf dem Markt noch nicht gegeben hat, vor sich.

Die beiden blieben von diesem Zeitpunkt an eng verbunden, gingen regelmäßig essen oder aus, auch gemeinsam auf Urlaub waren Maderthaner und Kurz schon. Maderthaner erfuhr etwa als einer der ersten von Kurz, als dieser 2009 Chef der Bundes-JVP wurde. Die zentrale Rolle, die Maderthaner im Kurz-Team von Anfang an eingenommen hatte, lag allerdings nur bedingt am guten Verhältnis der beiden zueinander. Vielmehr war Maderthaner der erfahrenste Kampagnenmacher der Truppe: Mit nur 22 Jahren leitete er die gesamte Kommunikation der niederösterreichischen Volkspartei. Dass er es gerne straff und professionell organisiert hat, offenbarte sich schon damals. Maderthaner bestand darauf, dass alle Fäden in puncto Öffentlichkeitsarbeit – Presse, Marketing und Digitales – bei ihm zusammenlaufen, eine Position wie die seine hatte es zuvor nicht gegeben.

Wer heute in der niederösterreichischen ÖVP nachfragt, wie er, der junge Maderthaner, denn so war, hört vor allem eines: Er sei schon damals unheimlich selbstbewusst gewesen. Als wäre es noch nicht außergewöhnlich genug, dass der oberste Pressemann Erwin Prölls erst 22 Jahre alt war, sah Maderthaner auch noch wesentlich jünger aus – und just dieses Bubengesicht musste sich dann gegenüber gestandenen Journalisten und Parteikollegen behaupten. Getrieben wurde Maderthaner schon damals von beispiellosem Ehrgeiz, sagen Wegbegleiter. Er sei einer, »der unter Strom steht«. Wenig überraschend etablierte sich Maderthaner in Niederösterreich und leitete den Landtagswahlkampf 2008, dabei punktete er mit humoristischen Ideen wie den Erwin-Pröll-Glatzenhauben, mit denen man sich frisurentechnisch dem Landeshauptmann annähern konnte. Manche Menschen wollten das offenbar tatsächlich.

Sozialisiert wurde Maderthaner in der niederösterreichischen ÖVP, wie auch Gerald Fleischmann ging Maderthaner bei Partei-Aufpasser Gerhard Karner in die Lehre.

Seine Karriere in der mächtigen und professionell organisierten Landespartei begann früh, mit Politik angefangen hat er bereits als Schulsprecher in der Kremser Tourismusschule. Das Thema seiner erste Kampagne: Maderthaner forderte einen Kaffeeautomaten für Schüler. Kurz darauf trat er der ÖVP-nahen Schülerunion bei. Das Elternhaus Maderthaners war nicht gerade politisch, seine Mutter ist Apothekerin und sein Vater Sozialarbeiter. Eigentlich wollte Maderthaner Hoteldirektor werden – doch dann kam Johanna Mikl-Leitner.

Nach einem Verbandstag der niederösterreichischen Schülerunion ging sie auf deren Chef zu, nahm ihn nach eigenen Ausführungen »in den Schwitzkasten« und sagte, dass er ihr gefalle und sie einen Job für ihn hätte. Mikl-Leitner war damals Landesgeschäftsführerin der ÖVP in Niederösterreich und sie suchte einen parlamentarischen Mitarbeiter für ihren neuen Job als Abgeordnete zum Nationalrat. »Er war ein politisches Talent, das sah ich von der ersten Minute an«, erinnert sich die niederösterreichische Landeshauptfrau. Maderthaner sei ein »strategischer, kreativer Denker«.

Ohne zu wissen, was da auf ihn warten sollte, sagte Maderthaner zu. An seinem ersten Tag im Parlament, er kam in zerrissenen Jeans und im T-Shirt und im Glauben, nur kurz Hallo zu sagen, schickte Mikl-Leitner ihn gleich in eine heikle Ausschussbesprechung mit ÖVP-Größen wie Werner Amon und Gertrude Brinek: »Gemma, Burschi, Besprechung is'. Hast eh was zum Schreiben dabei?«

Optisch kommt Maderthaner etwas ausgefallener daher als der Rest der Kurz-Truppe: Er trägt Designeranzüge, gemusterte Stecktücher, schicke Manschettenknöpfe und bunte Socken, die zwei obersten Hemdknöpfe hat Maderthaner gerne geöffnet. Er wohnt im noblen 19. Bezirk in Wien, fährt ein schnelles Auto und transportiert Akten in einer Tasche von Louis Vuitton. Maderthaners Hobby ist,

das sagt er selbst, der Genuss: Er liebt feine Lokale und aus-
gefallene Reisen. Bei Terminen trinkt er in Lokalen Matcha
Latte, Ingwertee tut es aber auch. In der Natur hält er sich
eher wenig auf.

Maderthaner ist ein echter Bürgerlicher und hat kein
Problem mit der »Law and Border«-Politik von Sebastian
Kurz, ein klassisch-ideologischer Überzeugungstäter ist er
deshalb allerdings noch nicht. Auf einer »Bude« des Car-
tellverbandes war Maderthaner nur einmal zu Gast,, die
strengen Hierarchien des Verbindungswesens schreckten
ihn ab. Tatsächlich fällt es schwer, sich den selbstbewussten Maderthaner in jungen Jahren vorzustellen, wie er auf
einer Verbindungs-Bude den Altvorderen des in der ÖVP
einstmals so mächtigen Männerbundes demütig ein Bier
nach dem anderen zapft. Die strikten Hierarchien waren es
übrigens auch, die Maderthaner vom Bundesheer abhiel-
ten, nach der Matura entschied sich der Querdenker für
den Zivildienst.

Maderthaners Antrieb ist, wie Vertraute bestätigen, eher
die Innovation in Marketingfragen denn die Überzeugung,
die Gesellschaft in eine bestimmte Richtung zu verändern.
Er hat mehr Leidenschaft für Wahlkämpfe und Kampagnen als für die Politik selbst – etwa im Gegensatz zu Stefan
Steiner. Insofern war die Große Koalition für Maderthaner
mit all ihrem Hickhack eine fade Geschichte, mit all ihren
inhaltlichen Widersprüchen eigentlich unmöglich zu verkaufen. Es ist kein Zufall, dass Maderthaner ein Mann für

Kampagnen ist und nicht für den Verkauf von alltäglicher Regierungsarbeit.

Nahezu eine Erleuchtung erfuhr er, der in der niederösterreichischen Volkspartei ohnehin stramme Professionalität gewohnt war, im Wahlkampf von Barack Obama aus dem Jahr 2008. Maderthaner flog in die USA, organisierte sich in Washington, D.C. Termine mit Politikmanagern und hospitierte in jenem Wahlkampf, der in puncto Online-Kampagnen eine absolute Zäsur darstellte. Von diesem Wahlkampf an spielte das Internet eine zentrale Rolle in der politischen Kommunikation, alle wollten es plötzlich machen wie Obama. Auch 2012 studierte Maderthaner den Obama-Wahlkampf in Washington, D.C.

Der junge Niederösterreicher war angetan vom Fokus auf Daten und zielgenaue Wähleransprache, auch die grundsätzliche Organisation der Kampagne sagte ihm zu. Die Struktur ist einem Großunternehmen nachempfunden, Entscheidungen trifft ein kleines Team, kommuniziert wird aus einem Guss.

2009 stieg Maderthaner schließlich auf zum Marketing-Chef der Bundes-ÖVP. Mit den Worten »I wü den mit die spitzen Schuach« (extravagante Kleidung war schon immer ein Markenzeichen des Philipp Maderthaner) beorderte Josef Pröll den gerade einmal 27-jährigen Niederösterreicher nach Wien, nachdem er die ÖVP übernommen hatte. Dort werkte er wie schon in Niederösterreich mit seinen Kumpanen Stefan Steiner und Gerald Fleischmann zusammen. Dieses Trio sollte später Sebastian Kurz ins Kanzleramt bringen. Doch damals scheiterten sie noch. Nach zwei Jahren war der mit großen Hoffnungen gestartete Pröll schon wieder Geschichte, und Maderthaner machte sich selbstständig. Seine Firma gründete er 2011, ohne zu wissen, was er eigentlich genau damit anfangen wollte. Kurz riet seinem engen Freund damals vom gewagten Schritt ab. Und war wenig später doch einer der ersten Kunden der neuen Agentur von Maderthaner. Für den Jungstaatssekretär entwarf Maderthaner die Kampagne »Zusammen Österreich«. Kurz und Maderthaner trommelten dabei Prominente mit Migrationshintergrund als »Integrationsbotschafter« zusammen, um Vorurteile gegenüber Ausländern abzubauen. Dass ihm damals öffentlich von ÖVP-Gegnern wie Peter Pilz vorgeworfen wurde, Aufträge von Parteifreunden zugeschanzt zu bekommen, bestätigte Maderthaner darin, nicht in die erste Reihe in der Politik zu drängen. Er hat kein Problem mit Öffentlichkeit, gibt gerne Interviews und beschäftigt sogar einen eigenen PR-Agenten, und zwar den ehemaligen Schülerunion-Chef und nunmehrigen ORF-Stiftungsrat Gregor Schütze. Eine Projektionsfläche für politische Angriffe, das wollte Maderthaner allerdings nie sein.

Nebenbei verhalf Maderthaner mit seinen E-Mail-Kampagnen der Kärntnerin und Kurz-Intima Elisabeth Köstinger zu einem sensationellen Ergebnis von 58.893 Vorzugsstimmen bei der EU-Wahl 2014. Nur Othmar Karas bekam mehr. Zum Vergleich: Ex-Ministerin Beatrix Karl erhielt gerade einmal 2.992 Vorzugsstimmen.

Sein Meisterstück für Kurz lieferte Maderthaner allerdings erst Jahre später ab. Es war Anfang Mai 2017, in den Wochen zuvor hatte auch Maderthaner für seinen Bereich an einem Konzept mitgearbeitet, wie man Kurz als Spitzenkandidat auf den planmäßig im Herbst 2018 stattfindenden Wahlkampf vorbereiten konnte. Stefan Steiner und Bernhard Bonelli schrieben am Programm, Axel Melchior machte sich Gedanken über das Personal und die Struktur, Gerald Fleischmann über den Verkauf und Maderthaner eben über die Kampagne selbst. Das Zieldatum für eine mögliche Übernahme der Partei mitsamt Kampagne für die Nationalratswahl war damals zwar der Herbst 2018, aber man wollte ja gut vorbereitet sein, wenn es denn so weit sein sollte, auch wirklich die Verantwortung in der ÖVP zu übernehmen. Plötzlich läutete am Vormittag des 10. Mai Maderthaners iPhone, am anderen Ende der Leitung war Kurz-Assistentin Lisa Wieser. »Hallo Philipp«, sagte sie. »Kommando retour, es geht los.«

Wenig später sollte Reinhold Mitterlehner offiziell seinen völlig überraschenden Rücktritt als ÖVP-Chef verkünden, Kurz die Partei übernehmen und Neuwahlen ausrufen.

Im Wahlkampf 2017 war Maderthaner dann der inoffizielle Leiter der Kampagne, keiner der Truppe hatte schließlich so viel operative Wahlkampferfahrung wie er. Offiziell an der Spitze des Wahlkampfgeschehens stand als Generalsekretärin zwar Elisabeth Köstinger, die eigentlichen Chefs waren allerdings die im Verborgenen als Parteimanager operierenden Stefan Steiner und Axel Melchior – und eben Maderthaner. Kein Papier verließ den engsten Kreis damals, bevor Maderthaner es nicht in Händen gehalten hatte. Maderthaner baute die Kurz-Kampagne aus 2013 aus, hinzu kamen die sogenannten »Bewegungsbüros« als Anlaufstellen für Kurz-Fans, die auch irgendwie im Wahlkampf helfen wollten. Maderthaner war der kreative Kopf der Kampagne, um die Organisation des Wahlkampfes kümmerte sich Melchior.

Der Wahlkampf war durch und durch amerikanisiert, zumindest für bescheidene österreichische Verhältnisse: Kurze Entscheidungswege in einer türkisen Wahlkampfzentrale, hohe Spendensummen und eine unglaubliche Fokussierung auf eine Person. In der Wiener Stadthalle organisierten die Türkisen ein exakt durchgeplantes und für Österreichs politische Verhältnisse bombastisches Event zum Wahlkampf-Auftakt.

Auch regte Maderthaner an, die Farbe Türkis für die Kurz-Kampagne auszuwählen – weil es, wie er sagte, heller als Petrol ist und demnach besser zu Kurz passe. Die Sache mit der neuen Parteifarbe war in dieser Größe erst gar nicht geplant, eigentlich hätte sich die neue Farbe rein auf Kurz beschränken sollen. Doch schon am ersten Morgen nach der Pressekonferenz, in der die ÖVP erste Details ihrer

Wahlkampagne vorstellte, riefen die ersten Ortsparteien an und erklärten, dass sie jetzt auch türkis sein wollten.

Maderthaners Credo im Zusammenhang mit Kampagnen im Allgemeinen und Kurz im Speziellen: »Es braucht jemanden, der ein Leuchtfeuer zündet, um den scharen sich die Menschen.«

Das Ergebnis ist bekannt: Das Feuer wurde gezündet, Kurz gewann die Wahl haushoch vor SPÖ und FPÖ. Und Maderthaner hatte an diesem Erfolg, das bestätigt jeder Zeitzeuge, einen großen Anteil. Der junge Mann aus Waidhofen an der Ybbs ging dabei so ein Tempo, dass er sich Ende des Jahres eine einmonatige Ayurveda-Kur zum Runterkommen gönnte. Seither trägt Maderthaner Naturlocken statt kurzgeschorener Haare.

Von da an war Maderthaner überall bekannt, der »Kanzlermacher« gab plötzlich Interviews in großen Zeitungen und gewann Unternehmer-Awards. Nicht zuletzt durch diese Publicity wuchs sein Unternehmen rasant, im Frühjahr 2020 hat er nach eigener Schätzung an die 350 Kampagnen gemanagt, beschäftigt an die fünfzig Mitarbeiter und ist Alleineigentümer einer der größten Agenturen des Landes. Und das mit nicht einmal vierzig Jahren. Maderthaners Agentur, das »Campaigning Bureau«, spielte auch in der Corona-Krise eine nicht unbedeutende Rolle: Gemeinsam mit anderen Werbern wurde eine große Kampagne mit dem Roten Kreuz, das schon vorher Kunde Maderthaners war, gestaltet. Seine Truppe kümmerte sich dabei vor allem um Social Media.

Ein Viertel seiner Kunden sind politische Parteien: Neben Kampagnen für Volksabstimmungen in der Schweiz hat er unter anderem dem CDU-Kandidaten Kretschmer in Sachsen überraschend zum Sieg verholfen. Dennoch, die Entfremdung vom politischen Geschäft, die als schleichender Prozess begann, nahm über die Jahre zu.

2019 klingelte dann wieder Maderthaners Telefon, wieder war es Mitte Mai und wieder lauerte eine Kurz-Überraschung am anderen Ende der Leitung. Es war der Abend vor der Veröffentlichung des Ibiza-Videos, als der Kanzler anrief. Noch bevor weite Teile der Welt davon erfuhren, wie Heinz-Christian Strache die Republik verscherbeln wollte, wollten die Türkisen den politischen Stand der Dinge ausloten und konferierten im engsten Kurz-Zirkel. Ohne genau zu wissen, welche Stärke das politische Erdbeben am nächsten Tag erreichen würde. Maderthaner hatte allerdings ein Problem: Er war gerade auf Ayurveda-Kur in Deutschland und konnte demnach nicht physisch an der Sitzung teilnehmen.

Als in den folgenden Stunden besprochen wurde, wie es nun weitergehen könnte, war Maderthaner per Telefon zugeschaltet – und zwar via Online-Telefonie mit dem W-Lan aus dem Flugzeug auf dem Weg nach Wien. Wieder betreute Maderthaner den Wahlkampf des ÖVP-Chefs, wenn auch diesmal nicht als zentrale Figur. Der Rest ist Geschichte: Die türkise Truppe gewann die Wahl, Kurz wurde zum zweiten Mal Kanzler.

Es war dies allerdings der letzte Wahlkampf des etwas politikmüden Maderthaners, zumindest behauptet er das. Seine Agentur wird Kurz zwar weiterhin betreuen, auch soll künftig weiterhin ein Viertel der Kunden aus der Politik kommen. Allein, Maderthaner selbst will operativ nicht mehr hauptverantwortlich für die Kampagnen sein. Seinen Freund Kurz will er stets beraten, direkt für ihn arbeiten wird nur noch Maderthaners Agentur. Das hat er sich zumindest vorgenommen.

Übrigens: Mit 155.000 Vorzugsstimmen wurde Kurz auch 2019 überlegener Sieger in der Rangliste der Bundespolitiker mit den meisten Vorzugsstimmen, der Zweitplatzierte Herbert Kickl kam gerade einmal auf die Hälfte. Diesmal hat sich allerdings niemand mehr gewundert, wie das möglich gewesen war.

AXEL MELCHIOR …

… geboren 1981, war immer da, wo Kurz ihn gerade als Organisator brauchte – und das seit 2010. Der vierfache Vater ist mittlerweile Generalsekretär der ÖVP, er managt Wahlkämpfe und die Partei bis hinunter zu den Bürgermeistern.

DER MANN, DER DEN
TÜRKISEN LADEN SCHMEISST

Am 28. Oktober 2012, kurz vor Mitternacht, erkannte Alexander Melchior, den immer schon alle Welt Axel genannt hat, im Alter von 31 Jahren, dass die erste Reihe in der Politik eher nichts für ihn ist.

Es war ein Sonntag, und das Wetter war so mies, dass man das Haus wirklich nur in Ausnahmefällen verlassen sollte. Obwohl es erst Herbst war, tobte ein heftiger Schneesturm – und zwar so schlimm, dass die zwei JVP-Leute Asdin El-Habassi und Stefan Schnöll auf dem Rückweg am späten Sonntagabend von einer Konferenz aus Kroatien auf der Autobahn in einem Stau feststeckten. Für die Junge ÖVP bedeutete dieser meteorologisch extrem jähe Wintereinbruch ein veritables Problem: El-Habassi hätte nämlich um 22 Uhr bei *Im Zentrum*, immerhin der wichtigsten politischen Diskussionssendung des Landes, im ORF-Studio sitzen und anlässlich der nahenden Volksbefragung als Vertreter der Jugend über die zur Diskussion stehende Abschaffung der Wehrpflicht diskutieren sollen. Er und Schnöll fanden sich letzthin viel zu spät damit ab, dass sie es unmöglich noch rechtzeitig auf den Küniglberg schaffen werden, erst eine knappe Stunde vor Sendungsbeginn setzten sie die Meldung gen Wien ab: Das wird nix mehr. Auch JVP-Chef Sebastian Kurz konnte nicht spontan einrücken. Was also tun? Kurzfristig absagen?

Keine Chance: Der ORF drohte damit, einen Sessel unbesetzt zu lassen und zu erklären, dass hier eigentlich ein Vertreter der Jungen Volkspartei hätte Platz nehmen sollen. Es musste also irgendjemand einspringen, das ließ mittlerweile auch die vom Trubel informierte Spitze der Bundespartei ausrichten – und außer dem in puncto Interviews völlig unerfahrenen JVP-Generalsekretär Axel Melchior war niemand in der Nähe.

Von globaler Heerespolitik hatte Melchior im Grunde genommen wenig Ahnung, viel mehr als die ÖVP-Position in der Wehrpflichtdebatte war ihm nicht bekannt. Für die Maske war keine Zeit mehr, er wurde ein bisschen abgetupft und direkt ins Studio geschickt. Wenige Sekunden vor Sendungsbeginn raunte ihm ORF-Moderator Peter Pelinka noch zu, dass es »wirklich äußerst unprofessionell« sei, dass Melchior nun statt El-Habassi hier sitze. Zu allem Übel ging dem eingeschüchterten JVP-Mann auch noch vor dem Start das Trinkwasser aus, und sein Sitznachbar, Generalstabschef Edmund Entacher, machte keinerlei Anstalten, das seine mit dem jungen, dürstenden Kameraden zu teilen. In der Diskussion mit Heeresexperten wie Entacher, dem Sicherheitsstrategen Erich Reiter und einem SPÖ-nahen Wehrpflicht-Gegner ließ sich Melchior auf internationale heerespolitische Grundsatzdebatten ein. Und machte wenig überraschend keine allzu gute Figur. Nach der Sendung rief Kurz mehr als Freund denn als Chef an und bedankte sich, dass der Generalsekretär so heldenhaft in die Bresche gesprungen war, indem er sich sogar unvorbereitet ins Fernsehen gesetzt hat. »Hast du es aufgenommen?«, fragte der JVP-Chef. Melchior: »Ja, wieso?« Kurz: »Schau's dir lieber nicht an, weißt eh, die eigene Stimme klingt im Fernsehen am Anfang immer ein bissl komisch.«

Das Debakel dieser Nacht dient Melchior im Vertrautenkreis seit Jahren als ultimatives Beispiel, warum er sich nicht als Mann für die erste Reihe in der Politik sieht.

Und doch steht er seit dem Jahr 2020 genau dort: ganz vorne nämlich. Nachdem Karl Nehammer wegen seines Aufstiegs zum Innenminister den Job als ÖVP-Generalsekretär an den Nagel hängen musste, bat Kurz seinen wohl engsten Vertrauten, diese Funktion zu übernehmen, die in ihrem Anforderungsprofil eigentlich so gar nicht zu Melchiors zurückhaltendem Naturell passt. Denn ein Generalsekretär, das ist normalerweise jemand, der gut einstecken und austeilen kann; einer, der sich ohne zu zögern als Frontsoldat in die parteipolitische Auseinandersetzung wirft, um anderen Feuerschutz zu leisten. Karl Nehammer entsprach dem Idealbild des Generalsekretärs schon ziemlich genau. Melchior tut es nicht.

Doch er bemüht sich: Plötzlich gibt es Presseaussendungen im Namen des eigentlich eher öffentlichkeitsscheuen Mannes mit Titeln wie »Melchior zum EU-Budget: Peter Kaisers Anschuldigungen werden immer absurder!« oder »Parteispenden: SPÖ bricht ihr eigenes Gesetz!«. Im Herbst 2019 war Melchior zudem für die ÖVP in den Nationalrat eingezogen, seine erste Rede hielt er nach einigen Wochen im Hohen Haus. Sie handelte von möglichen Maßnahmen gegen Cybercrime, es hätte aber auch jedes andere Themengebiet der Welt sein können.

Die Sache ist nämlich die: Axel Melchior tut alles, was notwendig ist, um den politischen Erfolg von Sebastian Kurz zu garantieren. Und da Kurz ihn eben bat, fortan Generalsekretär und Abgeordneter zu sein, sagte er zu und verabschiedete sich von seinem gewohnten Hintergrunddasein als Geschäftsführer der ÖVP. »Niemand«, verrät ein türkiser Insider, »ist persönlich so nah dran am Chef wie der Axel«. Stefan Steiner mag die inhaltlich und politisch wesentlich bedeutsamere Rolle innehaben, Melchior aber ist der engere Vertraute und Freund. Egal, wo Kurz gerade politisch stand, der 1981 geborene Niederösterreicher war stets an seiner Seite. Mehr noch: Seit Jahren fahren die beiden in einer Runde mit – unter anderen – Gernot Blümel und Stefan Schnöll zu Ostern gemeinsam auf Urlaub, Melchior ist also mehr als nur politischer »Wegbegleiter und Wegbereiter«, wie ihn die

Presse einmal nannte. »Der Axel ist derjenige«, so ein Türkiser, »der für den Sebastian den Laden schmeißt«.

Besagten Laden (vulgo: das einstmals als unbezwingbar geltende Labyrinth namens Österreichische Volkspartei) für Sebastian Kurz zusammenhalten, das tut Melchior allerdings weder mit sachpolitischen Vorträgen im Parlament noch mit angriffigen OTS-Aussendungen, sondern mit seiner Tätigkeit als türkiser Organisationschef. Melchior ist der Mann hinter der hochprofessionellen Struktur der ÖVP unter Sebastian Kurz – er managt die Partei und organisiert die Wahlkämpfe für Kurz, er hält Länder und Bünde bei Laune und er agiert als Schnittstelle zwischen der tief in den Gemeinden verwurzelten ÖVP-Struktur und dem türkisen Vorstand, dem er seit Beginn der politischen Karriere von Sebastian Kurz angehört. Melchior kümmert sich um Parteifinanzen und wird nicht nur in Medien gerne als »Personalchef« der Kurz-ÖVP bezeichnet: Er ist der Mann dahinter, wenn wie im Fall der türkis-grünen Regierungsbeteiligung alle Kabinette der türkisen Ministerien noch vor der Angelobung fertig besetzt und arbeitsbereit sind. Die Grünen brauchten übrigens Monate dafür. Ob Wahllisten oder Ministerkandidaten – Melchior hat stets eine ganze Liste von Menschen parat, die für alle möglichen ÖVP-Jobs infrage kommen.

Das ist vor allem in schwierigen Personalsituationen ein Segen für die Türkisen, so auch im Regierungsbildungsfinale 2019/20: Weil die frühere türkise Familienministerin

Juliane Bogner-Strauß ziemlich überraschend in die steirische Landesregierung wechselte und somit für die Bundesregierung ausfiel, stand die Steiermark als eines der stärksten ÖVP-Länder plötzlich ohne Regierungsmitglied da. Es galt also, jemanden zu finden, der irgendwo zwischen den steirischen Trachtenhut-Schwarzen und den Wiener Innenstadt-Türkisen stand – klingt nach einer nahezu unlösbaren Aufgabe, war aber kein Problem für Melchior, wie Insider berichten. In kürzester Zeit wurde die steirische Unternehmensberaterin Christine Aschbacher aus dem Hut gezaubert, um die Details gekümmert hat sich Melchior selbst. Mehr noch: Melchior antizipiert immer extrem früh, wann und wo in Bünden und anderen ÖVP-Organisationen Wechsel, etwa wegen Pensionierungen, anstehen und sorgt schon seit Jahren konsequent dafür, Vertraute an den Schalthebeln der Macht zu etablieren.

Wie geschickt Kurz und Melchior darin sind, zeigten sie schon 2017, als der ÖVP-Chef noch Reinhold Mitterlehner hieß. Sukzessive hielten JVP-Leute in den Kabinetten Einzug, allesamt Verbündete des allseits erwarteten nächsten Parteichefs Sebastian Kurz. Irgendwann kam die Truppe um Mitterlehner dahinter, dass bereits in so gut wie allen Ressorts Jungschwarze saßen – die einzige Ausnahme war das Mitterlehner-Ministerium, versteht sich. Melchior spielte eine zentrale Rolle dabei, die Volkspartei personell und strukturell türkis einzufärben, während andere dies auf inhaltlicher und politischer Ebene taten. Das Ergebnis, wie ein enger Kurz-Vertrauter sagt, ist beachtlich: »Die ÖVP von 2020 erinnert stark an die JVP von 2010.«

Ein ebenso plakatives Beispiel für das Gespür des Axel Melchior ist der rasante Aufstieg des Karl Nehammer. Melchior lernte den Wiener kennen, als dieser allenfalls Insidern ein Begriff war – und zwar vor allem über Nehammers Frau, eine mittlerweile im Verteidigungsressort arbeitende ÖVP-Sprecherin. Karl Nehammer und Melchior studierten in größerer Runde auf einer ÖVP-Reise den US-Wahlkampf 2016 und wurden Freunde – und als sich die Frage stellte, wer 2017 den Job des Generalsekretärs der Partei übernehmen sollte, schlug Melchior Kurz wieder und wieder vor, doch diesen unbekannten Herrn Nehammer auszuwählen.

Der ÖVP-Chef stimmte zu, und mittlerweile ist Nehammer Innenminister und ein wichtiger Teil der politischen Machtbasis von Sebastian Kurz. Eine Ebene tiefer – auf jener der Kabinettsmitarbeiter – läuft die Sache in der ÖVP mittlerweile so: Bevor jemand bei Kurz in wichtiger Funktion anfängt, sollte er erst einmal in der Partei für Melchior jobben. Dieser erprobt dann Fähigkeiten und vor allem Loyalität. Stimmt beides, steht einer Karriere bei den Türkisen nichts im Weg. »Man kann alles lernen«, sagt Melchior. »Nur Loyalität nicht.«

Neben Personalfragen kümmert sich Melchior um die Organisation der Partei, er ist das Bindeglied von Türkis zu Schwarz. Ein Beispiel: An jenem Samstag im Mai nach

Auftauchen des für Türkis-Blau verheerenden Ibiza-Videos, als die Kurz-Truppe rund um Stefan Steiner, Gerald Fleischmann und eben Melchior nach einer Strategie suchte, trug jeder vor, wie es in seinem Bereich denn aussah. Melchior tat Kurz kund, dass die Landeshauptleute und Bünde-Chefs mit einer Neuwahl ziemlich sicher einverstanden wären, die Stimmung in der Struktur gut sei und sich die Partei einen Wahlkampf – wenn auch in sparsamer Ausführung – schon irgendwie leisten könne. Auf Basis all der Lageberichte seiner Vertrauten trifft Kurz dann stets im kleinen Kreis die Letztentscheidung. In heiklen Situationen wie dieser und in generell allen anderen mit dem ÖVP-Establishment auszufechtenden Richtungsfragen bereitet Melchior Kurz die Sache stets vor. Will heißen: Bevor Kurz mit einem Landeschef telefoniert, hat Melchior das nicht selten schon getan und die wichtigsten Pflöcke im Namen des Chefs eingeschlagen.

Seit Kurz in der ÖVP das Zepter schwingt, herrscht eiserne Disziplin in der Partei, die ÖVP agiert professionell wie nie zuvor. Die Basis dafür schuf er, als er nach Reinhold Mitterlehners Rücktritt die Volkspartei übernahm: In weitreichenden Änderungen des Parteistatuts gestand ihm das ÖVP-Establishment zu, künftig im völligen Alleingang Generalsekretäre zu bestimmen, Koalitionsentscheidungen zu treffen und Bundeslisten für nationale Wahlen zu erstellen.

Dass es in der vor Kurz als unbezwingbar geltenden ÖVP seit 2017 allerdings gar so glatt läuft, liegt eben auch an

Organisationschef Melchior, nicht an den Änderungen des Statuts. Unter anderem etablierte er ein System in der Partei, damit auch der kleinste Funktionär immer weiß, wie die ÖVP in welchen Fragen positioniert ist. Vor 2017 durften Vertreter der Parteispitze – sprich: Generalsekretäre – Funktionäre nicht wirklich direkt kontaktieren. Sie musste sich zuvor an die Geschäftsführer und Chefs von Landesparteien und Bünden wenden, diese gaben die Infos dann weiter – oder auch nicht. Der Streuverlust führte zwangsläufig zu innerparteilichen Debatten, und an deren Ende war eine eindeutige Positionierung der ÖVP erst wieder unmöglich.

Mittlerweile läuft das Ganze so ab: Passiert etwas politisch ansatzweise Bemerkenswertes, arbeitet Melchiors Team ein Papier als Argumentationsgrundlage für Bürgermeister und Co. aus. Melchior legt großen Wert auf die Gemeindechefs – schließlich stellt keine Partei annähernd so viele wie die ÖVP, den Türkisen rund um Melchior ist die damit verbundene Kampagnen-Macht durchaus bewusst.

Melchiors Job ist es also, die Organisation für Kurz auf Linie zu halten. Und das tut der laut Vertrauten von einem unglaublichen Fleiß getriebene Frühaufsteher – Melchiors Wecker läutet seit Jahren täglich um 5:30 Uhr, und zwar unabhängig von der Gestaltung des Vorabends – im Grunde genommen seit 2010, nur eben in unterschiedlichen Funktionen und mit mehr grauen Haaren als zu Beginn. 2010 war es Melchiors Job, die zerstrittene JVP unter der neuen

Führung von Kurz wieder zu einen. Ein Jahr später wurde Kurz Staatssekretär – und Melchior war auch da ein zentraler Bestandteil der kleinen Truppe an Vertrauten, die in den Aprilnächten von 2011 die Basis für spätere politische Erfolge legte. Melchior kümmerte sich darum, Verbündete in der Partei zu organisieren, damit ÖVP-Politiker nicht, wie es zu Beginn der Fall war, aus dem Bild gehen, wenn sie bei Veranstaltungen in Anwesenheit von Fotografen neben Sebastian Kurz zu stehen kamen. Vor allem in seinen ersten Jahren klapperte er jeden Winkel der ÖVP ab.

Als Kurz Außenminister wurde, machte er Melchior zu seinem Vizekabinettschef; 2017 wurde der Niederösterreicher Geschäftsführer der ÖVP, 2020 schließlich Generalsekretär. »Die Volkspartei«, sagt Kurz, »ist ja eine sehr große und komplexe Struktur, die einfach eine professionelle organisatorische Führung braucht«. Nachsatz: »Und da ist Axel Melchior für mich ein ganz wichtiger Faktor.«

Vorbilder in Sachen Parteistruktur sind für Melchior nicht mehr nur Parteien in anderen Ländern, er holt sich seine Inspiration für die straffe Organisation und das interne Management der Volkspartei eher aus der Wirtschaft und innovativen heimischen Unternehmen wie *Runtastic*. Laut Kurz tat dies der ÖVP dringend not: »Großparteien waren Jahrzehnte lang an ein System gewöhnt, in dem Parteibücher vererbt wurden. Da musste man als Organisation nicht wirklich schlagkräftig sein. Um heute erfolgreich zu sein, braucht es schlagkräftige, handlungsfähige Strukturen.«

International findet das Beachtung: Regelmäßig besuchen Parteimanager anderer Länder die Türkisen, um die streng geführte Organisation zu studieren. Bis 2017 schauten die Türkisen in Kampagnenfragen auf andere, seither ist es umgekehrt. Melchior hielt bereits Vorträge vor dem Management der Kanzlerpartei in Berlin, dem Generalsekretär der CSU erklärte er die Organisationsstruktur der Türkisen.

Die Geschichte von Kurz und Melchior begann einige Jahre vorher, und zwar im Jahr 2007: Der Badener Melchior kam spät – er war bereits Mitte zwanzig – über einen ehemaligen Schulkollegen zur JVP im Ersten Wiener Bezirk. Der Grund dafür war, dass die Innenstadt-Truppe unter Führung von Republikgründer-Großneffen Markus Figl bekannt dafür war, dass dort echte politische Diskussionen stattfinden, während anderswo der Fokus in der JVP eher auf Partys lag. Melchior verstand sich auf Anhieb blendend mit der Partie dort – diese bestand unter anderem aus Gernot Blümel (seit 2017 Minister, seit 2020 Finanzminister) und Sebastian Kurz, wenig später sollte auch Stefan Schnöll (seit 2018 Landesrat in Salzburg) über die Wiener JVP in den Zirkel dazustoßen.

Eines Abends im Jahr 2007 saß Melchior mit Kurz im »Hinterholz«, einem Beisl in der Wiener Rotenturmstraße. Die beiden redeten über Politik im Allgemeinen und die ÖVP im Speziellen – und dem begeisterten Melchior war von da an klar, wie er später erklären wird, dass Kurz einmal eine große Karriere machen wird.

Allerdings jobbte Melchior damals noch nicht in der ÖVP, sondern in der »Gesellschaft für Europapolitik« im Ersten Wiener Bezirk. Dass die Organisation sozialpartnerschaftlich organisiert ist, soll an dieser Stelle nicht zur falschen Schlussfolgerung führen, Melchior sei ein gestandener Großkoalitionär. Das ist er nicht. Spätestens, als er 2013 für Kurz Regierungsverhandlungen mit der SPÖ geführt hatte, wurde ihm klar, dass sich da zwei Parteien mit tiefen Abneigungen gegeneinander zu einer vorerst letzten Koalition zusammengerauft haben. Große Zukunft sah und sieht Melchior in einer Zusammenarbeit mit den Roten nicht, obzwar seine Aversion gegenüber der Großen Koalition und der SPÖ weniger stark ausgeprägt ist als bei anderen Schlüsselspielern der Türkisen.

Zurück zur »Gesellschaft für Europapolitik«: Dort hatte Melchior eigentlich einen komfortablen Arbeitsplatz. Der Niederösterreicher begann bereits drei Tage nach seiner Matura als Assistent und arbeitete sich zum Projektmanager hoch, schließlich leitete er sogar Kampagnen für die Steigerung der Wahlbeteiligung bei der Europawahl 2009. Das Salär war gut, die Gesprächspartner waren interessant und der Druck war gering. Um 16 Uhr ging er nach Hause und konnte sein Handy abdrehen – ideale Verhältnisse für jemanden wie Melchior, der nebenbei noch studierte, bereits in jungen Jahren heiratete und Familienpläne geschmiedet hat. Sein Jusstudium brach er früh ab, statt der eigentlich angestrebten und irgendwann für doch nicht optimal befundenen

Anwaltskarriere wechselte er in das Studienfach Wirtschaft und Recht an der Wirtschaftsuniversität.

Doch Kurz überzeugte Melchior 2009, seinen Job bei der Gesellschaft für Europapolitik zu kündigen, das Studieren sein zu lassen und Generalsekretär der gerade von Kurz übernommenen Jungen ÖVP zu werden. Melchior war damals schon imstande – und das sah Kurz – auf seine kumpelhafte Art und Weise Menschen zu gewinnen, zudem hatte er bereits Erfahrung als Projektmanager. Melchior wusste noch gar nicht, was er genau für den gerade zum JVP-Chef aufgestiegenen Kurz eigentlich tun sollte, da sagte er bereits zu.

»Ich kannte ihn aus der Wiener JVP und war beeindruckt von der leutseligen Art und Weise, wie er arbeitet«, sagt Kurz über seinen Personalchef.

Wie jetzt, ein »herzensguter« Generalsekretär? Und das in einer hochprofessionell geführten Partei wie der Kurz-ÖVP? Kann man die ÖVP denn wirklich anführen, indem man nur nett ist?

Nein, kann man nicht. Das ist Melchior auch keineswegs immer. Wenn jemand Kurz und die Seinen angreift – allen voran Stefan Steiner und Gerald Fleischmann, die für Melchior nach all den Jahren weit mehr als nur Kollegen sind – wird der sympathische Badener plötzlich beinhart. Wer es sich einmal nachhaltig mit ihm verscherzt, der bleibt für ihn auf dem Abstellgleis. In heiklen Fragen neigt er nicht zum Zaudern; wenn er intern umstrukturiert, dann bekommt das außerhalb der ÖVP niemand mit. Dass etwa Kündigungen von Parteimitarbeitern nicht wie in der SPÖ öffentlich Thema sind, liegt nicht zuletzt an der Professionalität des in solch pikanten Fragen geräuschlos operierenden Axel Melchior.

Eine der heikleren Missionen Melchiors war die EU-Wahl 2019 mit Othmar Karas an der Spitze der Wahlliste: Die Türkisen – bekanntermaßen bedacht auf maximalen Gleichklang in der Partei – standen vor der eigentlich nicht zu lösenden Frage, wie man mit einem innerparteilichen Gegner aus dem erzschwarzen Lager an der Spitze einer Liste eine erfolgreiche Wahl schlägt. Dass er diesen Platz bekam, daran führte ob der langjährigen EU-Erfahrung des ÖVP-Mannes kaum ein Weg vorbei. Das Problem für die seit dem letzten EU-Wahlkampf im Jahr 2014 nach rechts gerückte ÖVP: Ob es nun um die Kürzung der Familienbeihilfe, den österreichischen Beitrag zum EU-Budget oder Asylpolitik ging – es gab de facto keine EU-politische Gretchenfrage, in der der schwarze Karas die Linie der Türkisen nicht vollumfänglich konterkarierte. Noch dazu schrak er keineswegs davor zurück, den Widerspruch öffentlich kundzutun. Also kam Melchior als feinfühliger Problemlöser ins Spiel: Er agierte auf ausdrücklichen Wunsch von Kurz als persönlicher Wahlkampfleiter von Karas, begleitete ihn, saß regelmäßig beim gestandenen EU-Politiker in Döbling zuhause und versuchte den Außenauftritt halbwegs stimmig erscheinen zu lassen. Es scheint ihm gelungen zu sein: Die ÖVP gewann die

Wahl mitten im ersten Ibiza-Wirbel mit einem Rekordvor-sprung auf die zweitplatzierte SPÖ.

Und doch ist Melchior die Antithese zu allen in der politischen Disziplin des Austeilens und Einsteckens versierteren Generalsekretären vor ihm. Als er etwa 2010 die Organisation der Kurz-JVP übernahm, sagten ihm seine Vorgänger, dass man vor allem zwei Dinge beherrschen müsse, wenn man Erfolg als JVP-General haben möchte: Man muss viel Alkohol vertragen und beinhart sein. Melchior legte die Sache allerdings diametral anders an. Erstens trinkt er kaum; was übrigens mit ein Grund dafür ist, dass auch er dem bieraffinen Cartellverband stets fernblieb. Zudem umgarnt er die Leute ohnehin lieber, als sie zu drangsalieren. Melchiors seit Jahren in der ÖVP funktionierendes Credo: »Mach dir die Freunde dann, wenn du sie gerade nicht brauchst.«

Wie viele Freunde der Niederösterreicher in der Partei hat, wurde am Tag der niederösterreichischen Gemeinderatswahl im Jänner 2020 offenbar: Er besuchte die Volksparteien in Sooß, Tribuswinkel und Pfaffstätten – und alle hießen ihn, der im Laufe seiner Jugend in den drei Gemeinden entweder gewohnt hat, in den Kindergarten oder zur Schule gegangen ist, als »ihren Heimkehrer« willkommen. Das Ganze funktioniert auch über Landesgrenzen hinweg: In der Steiermark betont Melchior seine Wurzeln in Altaussee und dass er dort, genau genommen neben der berühmten Seevilla, nahezu jedes Wochenende mit seinen Eltern verbracht hat. Melchior ist wohl der erste ÖVP-Generalsekretär, der keiner bestimmten Landesgruppe und keinem bestimmten Bund zuzuordnen ist. Er ist ein bisschen Steirer und vor allem Niederösterreicher; hat auch gute Kontakte in die oberösterreichische ÖVP, gen Westen und logischerweise in die Wiener Partei seines Kumpels Gernot Blümel. Doch das einzige Lager, dem Melchior angehört, ist kein Bund und keine Landespartei, es ist das Lager des Sebastian Kurz.

Für karrierehungrige ÖVP-Funktionäre ist Melchior nicht selten eine Anlaufstelle, wenn irgendwie versucht wird, an die Kurz-Partie heranzukommen. Zwar hat sich über all die Jahre in der Partei herumgesprochen, dass man nicht einfach so in den türkisen Vertrautenkreis vorzustoßen vermag, manche versuchen es allerdings doch unablässig. Einer soll, so zumindest lautet die ÖVP-Version, in der Kontaktaufnahme zum aufstrebenden Jungstar Kurz im Jahr 2015 besonders hartnäckig gewesen sein: BVT-Spionagechef P., eigentlich ein enger Vertrauter des Ex-Generalsekretärs und nunmehrigen Volksanwalts Werner Amon. P. soll emsig um die Gunst Melchiors und der Türkisen gebuhlt haben; eines Morgens 2015 schrieb P. an Melchior, dass er »neue Filme« zu besprechen habe – das Publikwerden dieser SMS-Nachricht reichte im hitzigen Polit-Herbst 2019 für Spekulationen, dass die Konversation ein Hinweis darauf sein könnte, die ÖVP hätte etwas mit dem Ibiza-Video zu tun. Dass dieses erst 2017 aufgenommen worden war, tat den Spekulationen keinen Abbruch, die Sache landete vor dem Untersuchungsausschuss zur BVT-Affäre.

Melchiors Erklärung als geladener Zeuge vor dem U-Aus-
schuss: Die Nachricht habe nichts mit geheimen Videos zu
tun, sondern ausschließlich mit Spielfilmen. Er sei nämlich Cineast und habe sich mit seinem flüchtigen Bekannten über Filme ausgetauscht. Am liebsten hat Melchior übrigens Filme von Martin Scorsese, Steven Spielberg und
Christopher Nolan.

Zeit fürs Filmschauen bleibt ihm allerdings nicht allzu
oft. Wie die meisten in der türkisen Truppe ist nämlich auch
Melchior mehrfacher Vater, der Niederösterreicher hat vier
Söhne. Die beiden ältesten Buben sind Zwillinge, zur Welt
kamen sie kurz nach seinem Start als JVP-Generalsekretär
im Jahr 2010. Noch vor der Nationalratswahl 2017 folgte
Sohn Nummer drei, der vierte kam 2018 zur Welt. In Karenz
war Melchior bei keinem der Buben.

Melchiors Frau, er hat sie im Alter von 27 Jahren geheiratet, ist Molekularbiologin in Teilzeit. Allerdings nimmt
sich Melchior jeden Donnerstag ab Nachmittag frei, um bei
seinen Buben zu sein. Die Idee dazu hatte übrigens Kurz:
2014 legte er Melchior einen Zeitungsartikel über den damaligen Vizekanzler Deutschlands, Sigmar Gabriel, auf den
Schreibtisch. Im Artikel ging es darum, dass Gabriel trotz
seiner politischen Verantwortung einmal pro Woche seine
Tochter aus dem Kindergarten abholt. »Schau, wenn der das
kann, dann wirst du das auch schaffen«, sagte Kurz zu seinem Mitarbeiter – und etablierte damit eine Tradition im
Hause Melchior.

Die wenige Zeit, die dann noch bleibt, investiert Melchior in die Wiener Austria. Selbst nie aktiver Kicker, ist der Sohn eines Sturm-Graz-Anhängers seit seiner Kindheit Fan der krisengeschüttelten Favoritner. Seit 2018 ist Melchior zudem Mitglied des Verwaltungsrates der Austria – dort sitzt er unter anderem mit politischen Prominenten wie Alexander Van der Bellens Chefstrategen Lothar Lockl und dem ehemaligen blauen Staatssekretär Hubert Fuchs. In diese Funktion geholt hat ihn ein Förderer von Kurz, der zugleich Vizepräsident der Austria und mittlerweile Vertrauter von Melchior ist: Ex-Vizekanzler Josef Pröll.

Bleibt noch eine Frage: Was will er, der mittlerweile zum Fußballfunktionär, Generalsekretär und Abgeordneten Aufgestiegene, eigentlich?

Melchior ist kein Ideologe, er ist auch nicht so stark vom Katholischen beeinflusst wie Stefan Steiner oder Bernhard Bonelli. Zur ÖVP kam er, weil er die Schwarzen damals für die einzig konsequent proeuropäische Partei hielt, außerdem findet er Budgetdisziplin und Rücksichtnahme auf wirtschaftliche Interessen ganz gut. Melchior sieht seine Mission allerdings weniger im direkt Inhaltlichen und Gesellschaftspolitischen, denn in der bedingungslosen Unterstützung von Sebastian Kurz und dessen Politik. »Mein Job ist es, Sebastian Kurz den Rücken freizuhalten«, sagt er. Das wird er auch künftig tun, wo immer der Kanzler ihn hinstellt. Selbst, wenn es das Studio von *Im Zentrum* ist.

2

DIE POLITISCHE MACHTBASIS DES SEBASTIAN KURZ

GERNOT BLÜMEL ...

... Jahrgang 1981, ist das Bindeglied zwischen dem engen Vertrautenkreis rund um Sebastian Kurz und dessen politischer Machtbasis. Wichtigster politischer Handwerker der Türkisen, Protagonist in der Corona-Krise.

DES KANZLERS ERSTER OFFIZIER

Als in der chinesischen Provinz Wuhan Anfang Jänner die Menschen reihenweise von einem gerade erst entdeckten Virus namens »COVID-19« dahingerafft wurden, krähte in Europa noch lange kein Hahn nach dieser mysteriösen Seuche. Das Thema Corona fand allenfalls in den Kurzmeldungen der Zeitungen Erwähnung. Das übliche Maß an Aufregung garantierten hierzulande ganz andere Themen, zum Beispiel eine Aussage des frischgebackenen Finanzministers: »Mein Konto«, sagte Gernot Blümel stolz in einem Interview mit *Heute*, »war noch nie im Minus.« Das Gratisblatt brachte die Aussage auf seinem Titelblatt.

Nicht wenige warfen dem Türkisen deshalb einen eklatanten Mangel an Empathie gegenüber Menschen in finanziellen Misslagen vor, ihren Zweck erfüllte die Aussage aus PR-Sicht dennoch: Der ÖVP-Politiker feilte nämlich mit aller Kraft daran, sich ein Image als »Mr. Nulldefizit« anzueignen, und da konnte die Meldung über einen ausgeglichenen Privathaushalt ja schon einmal nicht schaden. Schließlich hatte man keine Zeit zu verlieren: Denn bereits der 18. März sollte jener Tag sein, an dem das türkise Finanz-Credo schlechthin – keine neuen Schulden! – in einer perfekt inszenierten Budgetrede Blümels im Parlament so richtig zelebriert wird.

Und dann das: Quasi von einem Tag auf den anderen stand Blümel vor einem Milliarden-Loch im Budget und den Trümmern seiner geplanten Rede – und der Grund dafür war dieses verflixte Virus aus Wuhan, das ein paar Wochen zuvor noch kaum jemanden interessiert hatte. Um die Ausbreitung des Corona-Virus einzudämmen, fuhr die Regierung Österreich auf »Notbetrieb« herunter, das wirtschaftliche und gesellschaftliche Leben kam nahezu zum Erliegen. Als Blümel schließlich am 18. März seine allererste Budgetrede hielt, stand neben ihm auf der Regierungsbank eine grüne Flasche mit Desinfektionsmittel, ein beträchtlicher Teil der Nationalratsabgeordneten blieb aus Sicherheitsgründen daheim und die, die noch da waren, saßen so weit auseinander, dass sie sich nicht anstecken konnten. Wie groß das Budgetdefizit letztlich sein werde, das konnte er in seiner Rede nicht einmal ungefähr prognostizieren – noch im März legte er ein 38 Milliarden Euro schweres Hilfspaket auf. Nur so viel: »Entscheidend ist nicht, welche Zahl im Rechnungsabschluss steht, sondern wie viele Menschenleben, Arbeitsplätze und Unternehmen wir am Ende gerettet haben.«

Der Satz klang nachgerade, als stamme er aus der Feder von Bruno Kreisky, dem »ein paar Milliarden Schilling Schulden« weniger schlaflose Nächte bereiteten als »hunderttausend Arbeitslose«. Ist Österreichs türkiser Finanzminister am Ende wie das Gros der Linken ein Fan der Keynes-Lehre, derzufolge ein Staat in konjunkturell schlechten Zeiten Schulden anhäufen soll? Blümel gibt Entwarnung: »Keynes hat kurzfristig schon etwas für sich, langfristig zeigt sich aber, dass Hayek Recht hat.« Mit anderen Worten: Der Ausflug in die Schuldenpolitik ist allein der Extremsituation geschuldet, in Wirklichkeit steht Blümel eh auf der Seite der Wirtschaftsliberalen.

So oder so, ob nun Keynes oder Hayek, letztendlich steht Blümel vor allem in einem Lager: und zwar in dem von Sebastian Kurz. Und in diesem Fall hatte der Finanzminister eben in engster Abstimmung mit dem Kanzler zu argumentieren, warum der Staat im großen Stil Hilfspakete gegen die Corona-Krise schnürt. Wenn man hernach im dringenden Keynesianer-Verdacht steht, dann soll es eben so sein.

Und bei Kurz, da steht Blümel schon ziemlich lange. Fast zwanzig Jahre, um genau zu sein. Rund zwei Monate, bevor Kurz der JVP in der Wiener Innenstadt beitrat, war Blümel dort aufgeschlagen – und nahm bereits in Jugendtagen die Rolle der Nummer zwei ein: Als Kurz etwa Chef der JVP Innere Stadt wurde, gab Blümel den Vize. Als Kurz 2007 Wiens JVP-Chef wurde, folgte ihm Blümel und wurde internationaler Sekretär der Jungschwarzen, dieselbe Konstellation gab es, als Kurz 2009 zum Bundes-Obmann der JVP aufstieg. 2015 sprang Blümel ein, als sich Kurz wie schon 2012 dagegen gewehrt hatte, die darniederliegende Wiener ÖVP nach einer Gemeinderatswahl mit einem einstelligen Ergebnis zu übernehmen. Blümel übernahm die undankbare Aufgabe.

Die im Kleinen geschmiedete Allianz aus dem politischen Gipfelstürmer Kurz und seinem »Sherpa« Blümel funktionierte auch in der großen Politik: 2017 machte Kurz seinen Intimus zum Kanzleramtsminister und Regierungskoordinator – und weil er in der Rolle des politischen Chef-Handwerkers für die Türkisen derart brillierte, beförderte Kurz den studierten Philosophen 2020 gleich zu seinem Finanzminister. Wenn Kurz nicht da ist, leitet Blümel die allmontäglichen Strategie-Sitzungen mit türkisen Ministern, dem Klubchef und dem Nationalratspräsidenten, in denen Fahrplan und Anweisungen für die Woche ausgegeben werden.

Blümel war in beiden Regierungsverhandlungen unter Kurz in der Chef-Gruppe; fragt man die Verhandlungspendants von Grün bis Blau, hört man zumeist, dass Blümel in diesen Runden nicht selten als Wortführer auftrat, er sei »immer recht gut eingelesen«, habe eine klare politische Meinung und diskutiere mit dem Gegenüber wesentlich lieber über politische Details als Kurz das tue. In der Koalition mit den Grünen ist Blümel wie schon in türkis-blauen Zeiten im Maschinenraum der Regierungsarbeit, er schnapst sich mit Vizekanzler Werner Kogler die Maßnahmen von Türkis-Grün aus. Kurz kommt erst ins Spiel, wenn Blümel keine Einigung mit dem Koalitionspartner erzielen kann. Diesen Modus gab es auch unter Türkis-Blau bereits. »Gernot Blümel«, sagt Kurz, »hat eine zentrale Rolle in der Regierung«.

Es besteht kein Zweifel: Kein Politiker ist für Sebastian Kurz auch nur annähernd so wichtig wie Gernot Blümel. Das Außergewöhnliche an seiner Rolle: Der Finanzminister lebt im Grunde genommen zwischen zwei türkisen Welten, er steht einerseits als Minister auf der großen politischen Bühne und andererseits sitzt er in der Runde der im Schatten agierenden Kurz-Truppe. Blümel ist als einziger ranghoher Regierungspolitiker verlässlich mit von der Partie, wenn rund um Stefan Steiner, Gerald Fleischmann, Axel Melchior und Kurz die großen Entscheidungen der Türkisen gefällt werden. Ein Beispiel dafür: das Ibiza-Video.

Es war der 16. Mai 2019, Blümel saß in einem Hotel in Lissabon und machte sich bereit fürs Abendessen. Eigentlich wollte er mit einem Freund ein paar Tage surfen – als plötzlich Sebastian Kurz anrief und erzählte, dass ein völlig aus der Fassung geratener Heinz-Christian Strache bei ihm gewesen sei und von belastendem Videomaterial, das bald veröffentlicht werden sollte, faselte. Kurz wusste zwar nicht genau, was knapp 24 Stunden später auf dem Ibiza-Video zu sehen sein sollte – doch er trommelte sofort seine engsten Vertrauten rund um Steiner und Fleischmann zusammen. Und da durfte auch Blümel nicht fehlen. Also sagte Kurz seinem Kanzleramtsminister, dass er schleunigst den nächsten Flug gen Wien buchen sollte – obwohl er gerade erst angereist war.

Blümel mag einer der ganz wenigen türkisen Amtsträger mit realer politischer Macht sein, hundertprozentig loyal ist er dennoch. Bereitet der Finanzminister eine größere Maßnahme vor – im Frühjahr 2020 etwa die Ausweitung des Corona-Hilfspakets – bietet er stets dem Kanzler den Vortritt bei der Präsentation an. Die Gefahr, dass Blümel wie so viele Finanzminister vor ihm sukzessive zum omnipräsenten Schattenkanzler aufsteigt, geht für Kurz gegen null.

Und das ist schon erstaunlich: Ob in der Bezirksgruppe Innere Stadt der Jungen Volkspartei oder an der Spitze der Bundesregierung, Blümel lässt Kurz seit Jugendtagen konsequent den Vortritt. Dabei stand er Kurz all die Jahre in formalen Kriterien für Politiker – von Eloquenz über Aussehen bis hin zur Bildung – ja eigentlich um nichts nach; auch Blümel galt stets als ÖVP-Zukunftshoffnung, auch er ist ohne jeden Zweifel ein ausnehmend begabter Politiker. Und da soll's wirklich nie einen Kampf um Platz eins in der Kurz-Partie gegeben haben?

Wer sich in der türkisen Truppe dazu umhört, bekommt Antworten wie diese: »Oida, wer uns kennt, stellt so eine

Frage nicht. Das war immer klar.« Ein anderer Insider formuliert es so: »Es ist wie im Fußball: Da gibt es Manndecker, Mittelfeldspieler und den Stürmer, der wie der Messi vorne einen nach dem anderen reinhaut. Da würde auch niemand die Frage nach der Nummer eins stellen.«

Blümel sieht die Sache übrigens so: Einen Kampf um Platz eins habe es nie gegeben, die Rollenverteilung sei »immer schon klar gewesen«, sagt der Finanzminister. Auch Blümel selbst wähnt Kurz in einer ganz anderen Liga: »Sebastians Gespür für Stimmungen zum Beispiel, das ist schon eine ganz andere Dimension«, sagt er. Blümel und Co. waren davon schon früh überzeugt und erkannten, dass man karrieremäßig wohl gut damit fährt, sich an Kurz zu halten. Denn dieser, sagt Blümel, »war immer schon ein Menschenmagnet«.

Im Gegensatz zu Kurz musste sich Blümel übrigens eher klassisch in der ÖVP emporarbeiten: Der politische Lebensweg des Gernot Blümel begann 2003 in der City-JVP, einer regelrechten türkisen Brutstätte: In den 2000er-Jahren trafen dort Kurz, Blümel und Axel Melchior aufeinander. In die Organisation, die im Schnitt alle zwei Wochen Treffen abhielt, stieß Blümel über einen Mann, der auch in der Karriere des Sebastian Kurz eine wesentliche Rolle hatte: Markus Figl.

Das kam so: Als Blümel aus dem 1800-Einwohner-Dorf Moosbrunn in Niederösterreich zum Studieren nach Wien zog, suchte er, der in seiner Heimat eine JVP-Ortsgruppe gegründet hatte und bei der Freiwilligen Feuerwehr war, eine Möglichkeit, Freunde im bürgerlichen Spektrum zu finden. Also klopfte er beim Cartellverband an – und weil sich Gernot Blümel dann ja doch ein wenig als Revoluzzer sieht, wählte er die Norica in der Wiener Strozzigasse aus. Die katholische Verbindung fiel immer wieder mit kessen Forderungen – etwa die Aufnahme von Frauen in den CV – auf, Blümel gefiel das. Sein Coleurname lautet »Alkuin« – angelehnt an den wichtigsten Berater Karls des Großen.

Kurz selbst ist nicht beim CV, die meisten Mitglieder seines Umfelds können mit dem verstaubten Verbindungswesen nur wenig anfangen. Im engsten Kreis des Kanzlers tummelt sich mit Sprecher Etienne Berchtold überhaupt nur ein CV-Mann, Blümel ist neben Sobotka einer der ganz wenigen »Verbindungsbrüder« in der ÖVP-Spitze. Zu Spindeleggers Zeiten war das noch diametral anders, da war nahezu jeder ranghohe ÖVP-Bundespolitiker in einer katholischen Verbindung, von »Lobius« (Reinhold Lopatka) über »Django« (Reinhold Mitterlehner) bis hin zu »Cato« (Spindelegger) selbst. Kurz war als Außenminister die große Ausnahme.

In der Norica traf Blümel schließlich Markus Figl, der damals Chef der Jungen ÖVP Innere Stadt war. Figl nahm ihn also mit zu seiner Jungschwarzen-Truppe – und schließlich auch zu einem anderen Mitglied der Norica: Michael Spindelegger, damals Zweiter Nationalratspräsident. Als Figl 2005 Ursula Stenzels Stellvertreter als Bezirksvorsteher der City wurde und keine Zeit mehr für seinen Dienst als parlamentarischer Mitarbeiter Spindeleggers hatte, empfahl er Blümel für die Stelle. Auch Kurz arbeitete später für Spindelegger im Nationalratspräsidium, bevor er von ihm zum Staatssekretär gekürt wurde, allerdings nur kurz und auf Projektbasis. Ansonsten musste Kurz nie wirklich klassische Mitarbeit in Kabinetten oder im Parlament verrichten, die eigentlich am Beginn einer jeden politischen Karriere steht. Kurz bekleidete früh exponierte politische Positionen. Blümel indes diente insgesamt acht Jahre als Mitarbeiter in Parlamentsklub und Ministerkabinett.

Bis Spindelegger erneut ein personelles Wagnis einging: 2013 machte er den Niederösterreicher, der damals nicht mehr als ein Mitarbeiter seines Ministerkabinetts war, zum Generalsekretär der ÖVP. Die Rolle legte Blümel selbstbewusst an: Erstens leitete er den Partei-Reformprozess »Evolution Volkspartei« ein, zudem riet er dem damaligen Parteichef Reinhold Mitterlehner rund um den Jahreswechsel 2015 angesichts eines kurzen Umfragehochs der ÖVP nach dem Chefwechsel zu Neuwahlen, um sich aus der ungeliebten Rolle des Juniorpartners zu befreien. Mitterlehner lehnte ab, er wollte die Koalition mit der SPÖ fortsetzen.

Zurück zu Blümels Aufstieg, zurück zu Spindeleggers Kabinett: Dort saßen unter anderem der junge Alexander Schallenberg (wurde 2019 Außenminister), Thomas Schmid (wurde 2019 Chef der staatlichen Beteiligungsgesellschaft ÖBAG), Figl und eben Blümel. Man mag Spindelegger heute politisch als mäßig erfolgreichen ÖVP-Chef sehen, als Entdecker und mit Abstand stärkster Förderer von Kurz, Blümel und Co. hat er mehr Spuren hinterlassen als manch anderer Obmann.

Kurz und Blümel sind seit ihren ersten gemeinsamen Tagen in der JVP eng befreundet, sie gingen stets gemeinsam aus und fahren zu Ostern immer noch in einer größeren Runde zusammen auf Urlaub. Im Corona-Jahr 2020 fiel das allerdings aus. Wie eng ihr Verhältnis ist, offenbarte sich beispielsweise im März 2020, als Blümels Tochter Josefine (die Mutter ist Ex-Playmate und TV-Moderatorin Clivia Treidl) zur Welt kam. Am ersten Tag nach der Geburt waren nur Familienmitglieder und engste Angehörige am Spitalsbett zu Besuch – und der Bundeskanzler mitsamt Freundin Susanne Thier.

Wie lange Blümel noch Finanzminister sein würde, war im Frühjahr 2020 nicht absehbar. Schließlich könnte der Chef der Wiener ÖVP nach der im Herbst 2020 geplanten Gemeinderatswahl in die Stadtregierung wechseln. Und aus Sicht des Parteichefs gibt es für Kurz strategisch gesehen kaum ein wichtigeres Anliegen als den Angriff auf die große rote Bastion Wien. Kurz hegt größtes Interesse daran, dass die ÖVP in der Hauptstadt strukturell Fuß fasst und der SPÖ in ihrer wichtigsten Basis das Wasser abgräbt – am besten aus einem mächtigen Ressort in der Stadtregierung heraus.

Wer könnte das besser als die Nummer zwei?

AUGUST WÖGINGER ...

... geboren 1974, hält für Sebastian Kurz als Fraktionschef den ÖVP-Parlamentsklub auf Linie. Er ist sozialpolitisches Rückgrat der Türkisen und Verbindungsmann in die alte, schwarze Welt.

DAS TÜRKISE SCHARNIER

War es wirklich eine Darmverstimmung? Oder doch nur exzellent getarnter Protest?

Jedenfalls war es das erste Mal, dass der Name August Wöginger in der überregionalen Berichterstattung Widerhall fand. Es war im Juni 2003, und die schwarz-blaue Regierung beschloss im Nationalrat gerade eines ihrer größten, allerdings auch umstrittensten Reformprojekte: die Pensionsreform, die beträchtliche Kürzungen mit sich brachte.

Allein, die ganze schwarz-blaue Koalition votierte nicht dafür, denn einer fehlte bei der Abstimmung: der junge Wöginger. Als Grund nannte das schwarze Parlaments-Greenhorn in der letzten Reihe der Abgeordnetenbänke eine wichtige Sitzung aufgrund einer Darmverstimmung, bei dieser Version sollte er die Jahre danach auch bleiben.

Gegen einen Protest am stillen Ort spricht zwar die Tatsache, dass er vor dem Beschluss noch eine Rede für die Reform hielt. Aber wie auch immer, allzu oft wird man sich die Frage nicht mehr stellen müssen, denn 17 Jahre später ist Davonstehlen für ihn keine Option mehr. Wöginger ist mittlerweile zum Klubobmann aufgestiegen, der einstige Hinterbänkler sitzt längst in der ersten Reihe des Plenarsaals im Hohen Haus.

Vor allem aber sind die Anlässe, in denen sich ein övp-Arbeitnehmervertreter wie Wöginger im Parlament ducken muss, rar geworden: Unter Sebastian Kurz werden nicht wie unter Schüssel Pensionen gekürzt, sie werden überplanmäßig erhöht – und zwar vor allem Kleinpensionen, deren Bezieher so ihre Gunst nach türkiser Strategie von der spö auf die övp übertragen sollen. Bei der Steuerreform begannen die Türkisen damit, über Senkungen der Sozialversicherungsbeiträge einmal jene am stärksten zu entlasten, die überhaupt gar keine Lohnsteuern zahlen.

Das scheint aufzugehen: Selbst in Wien wählten einstmalige spö-Hochburgen wie Penzing bei der Nationalratswahl 2019 mehrheitlich övp. Wöginger gefällt das, denn er empfand es immer als Fehler, dass die övp zuerst auf Unternehmen und dann erst auf Arbeitnehmer geschaut hat. 2016 lieferte er sich einen Schaukampf mit dem wirtschaftsliberalen Finanzminister Hans Jörg Schelling, der zu einer Pensionskürzung angesetzt und mit einer vorzeitigen Angleichung des Frauenpensionsalters an jenes der Männer geliebäugelt hatte. Dass man beispielsweise zuerst einmal Geringverdiener entlastet, ist für Wöginger »ein richtiger Ansatz für eine bürgernahe Sozialpolitik«. Sebastian Kurz sieht das so: »Die ÖVP ist sozialer als früher, es geht uns auch um die Entlastung von Kleinverdienern und Mindestpensionisten.« Nachsatz: »Und August Wöginger verkörpert diese Transformation der ÖVP.«

Für Kurz ist der knapp 1,70 Meter hohe Wöginger eine zentrale Säule der politischen Machtbasis. Der Innviertler spielt nicht nur als kommunikative Allzweckwaffe für Fälle, in denen sich der Kanzler selbst nicht die Finger schmutzig machen möchte, eine Schlüsselrolle bei den Türkisen. Gemeinsam mit Gernot Blümel und Bernhard Bonelli werkt er im Maschinenraum der Bundesregierung, er verhandelte so ziemlich jede größere Maßnahme der türkis-blauen Regierung und tut das auch in der Koalition mit den Grünen. Von der Sozialhilfereform bis zur Kassenfusion, der auf Sozial- und Gesundheitspolitik spezialisierte und stets eng mit dem Kanzleramt abgestimmte Wöginger hatte bei zentralen türkis-blauen Maßnahmen und auch bei den Regierungsverhandlungen mit den Grünen die Finger im Spiel. Unter ranghohen Türkisen ist er einer der wenigen, die wirklich über Detailkenntnis in sozialrechtlichen Fragen verfügen, deshalb stand er auch stets bei Pressekonferenzen zu Sozialthemen im weitesten Sinne an der Seite des Kanzlers, wenn die Regierung – zu der Wöginger als Klubchef gar nicht zählt, aber das störte offenbar niemanden so richtig – ihre Projekte im Kanzleramt präsentierte. Irgendjemand musste schließlich auch die Detailfragen beantworten. In der Corona-Krise organisierte er Türkis-Grün die notwendigen Mehrheiten für die umfassenden Gesetzespakete im Parlament. Das dritte Corona-Paket etwa wurde in letzter Minute gerettet, indem der Verhandlungs-Routinier in einer spätabendlichen Sitzungspause kurz vor der Abstimmung doch noch die Zustimmung der SPÖ-Fraktion organisierte. Wöginger ist bestimmt kein Vordenker für Kurz, aber er ist ein vielseitiger Nachbereiter und eine Art Dolmetscher. Wöginger, der nicht studiert hat, sei »natürlich alles andere als ein Intellektueller«, sagt ein oppositioneller Abgeordneter, »aber er kann Politik wie kaum ein Abgeordneter für den Stammtisch am Land übersetzen«.

August Wöginger, kurz »Gust«, kommt denn auch nicht gerade daher, wie man sich einen per se unter Schnöselverdacht stehenden Türkisen vorstellt. Gekleidet ist er weder teuer noch auffallend, das Extravaganteste an seinem Aufzug sind noch die ins Hemd gestickten Initialen »A. W.«. Seine Statur lässt eher auf Aufenthalte am Stammtisch denn auf tägliche Einheiten im noblen John-Harris-Fitnessstudio am Wiener Schillerplatz, das Türkise von Kurz bis Blümel so gerne bevölkern, schließen. Auf seinem Büroregal stehen unzählige gerahmte Fotos von Treffen mit Lokalpolitikern, andere Bilder zeigen ihn mit Ex-Landeshauptmann Josef Pühringer, Ex-Kanzler Wolfgang Schüssel oder mit seinem Mentor und Oberösterreichs Ex-ÖAAB-Chef Franz Hiesl. An der Wand hinter seinem Schreibtisch prangt ein überdimensionales Bild von ihm und Innenminister Karl Nehammer, die beiden grinsen Arm in Arm in die Kamera, Wöginger trägt darauf eine kurze Lederhose mit eingesticktem Logo der Oberösterreichischen Volkspartei. »Haben wir extra anfertigen lassen«, sagt er stolz. Besucher in Wögingers Büro bekommen als Gastgeschenk auch einmal eine Flasche Kräuterschnaps, den ein Freund von ihm herstellt. Bei ÖVP-Klausuren ist Wöginger zu später Stunde verlässlicher Vorsänger von Volksliedern; er und der Gitarre spielende Direktor der Politischen Akademie, Dietmar Halper, sind in geselligen Nächten das musikalische Rückgrat der Volkspartei, wie man sie aus der vortürkisen Zeitrechnung kennt. Kurz singt übrigens nie mit.

Überhaupt deckt Wöginger jene ÖVP-Flanke ab, die der gut gestylte Großstädter Kurz nicht gerade verkörpert. Kurz weiß das – und da er dem ländlichen Raum für Wahlerfolge seiner ÖVP unschätzbaren Wert einräumt, postierte er Wöginger auch prominent an der türkisen Spitze. Wöginger selbst sieht sich als eine Art »Scharnier« zwischen der schwarzen und der türkisen Welt.

Zueinander gefunden haben die beiden über die zwei Knotenpunkte im Kurz-Netzwerk: Michael Spindelegger und Johanna Mikl-Leitner. Spindelegger, einstiger Chef des schwarzen Arbeitnehmerbundes, sei vor zehn Jahren das »verbindende Element« dabei gewesen, als Kurz und Wöginger einander kennenlernten. Johanna Mikl-Leitner indes war als ÖAAB-Chefin und Innenministerin zugleich Chefin von Kurz und Wöginger; der Oberösterreicher war ihr Geschäftsführer im ÖAAB, Kurz ihr Staatssekretär im Ministerium. Mindestens drei Mal die Woche kam Wöginger damals zu Mikl-Leitner ins Büro, da entstand der Kontakt zu Kurz. Wöginger überzeugte Kurz bei den Regierungsverhandlungen 2017 endgültig davon, ein geeigneter Klubchef zu sein. Dessen Vorgänger, Reinhold Lopatka, musste weichen, er stand zu sehr für den »alten Stil« in der Politik, dessen Ende Kurz bei seiner Parteiübernahme mantraartig beschworen hatte. Neben Kurz und Mikl-Leitner zählen vor allem seine langjährigen Freunde Nehammer und Thomas Stelzer, Landeshauptmann von Oberösterreich, zum engen Netzwerk des ÖVP-Klubobmanns.

Zur Welt kam Wöginger im deutschen Passau, weil sein Vater dort Fährarbeiter war und seine Mutter mitversichert. Im Haus, in dem der türkise Klubchef aufwuchs, lebten vier Generationen. Später zog Wöginger ins Elternhaus seiner Frau, die drei Kinder schickte er in die örtliche Mittelschule. Geheiratet hat Wöginger am Tag vor der Nationalratswahl 2006, als die ÖVP völlig überraschend das Kanzleramt an die SPÖ verlor. Trauzeuge war Wögingers damaliger Klubobmann, Wilhelm Molterer.

Bei der ÖVP war Wöginger im Alter von 16 Jahren angedockt, indem er in den 1990ern beim Kartenspielen mit seinem Cousin vom Esternberger JVP-Chef angeworben wurde. Wöginger gefiel die Bezirkspolitik: Dem Freibad eine neue Rutsche organisieren, Pokale fürs Preisschnapsen stiften und unterklassige Fußballspiele beehren. Er tingelte

von Dorffest zu Dorffest und stieg rasch zum Bezirkspartei-
chef auf. In den Nationalrat zog er 28-jährig nach Wolfgang
Schüssels Wahltriumph 2002 ein, bis heute sitzt er im Gemeinderat in seiner Wohngemeinde Sigharting. Bis 2002
war er in Esternberg Gemeinderat.

Mit Wien – oder, wie Wöginger sagt:»Wean«– hat er nicht
viel am Hut. Unter der Woche wohnt er quasi notgedrun-
gen hier, und zwar seit vielen Jahren in einer Wohngemein-
schaft mit dem Vorarlberger Abgeordneten Norbert Sieber,
die Bude der beiden liegt neben der ÖVP-Zentrale. Am Freitag
fährt Wöginger mit seinem Audi gen Heimat. Wie groß seine
Hauptstadt-Aversion ist, offenbarte er im Sommer 2019 bei
einer ÖVP-Wahlkampfveranstaltung:»Es kann ja nicht sein,
dass unsere Kinder nach Wean fahren und als Grüne zurück-
kommen. Wer in unserem Hause schläft und isst, hat auch
die Volkspartei zu wählen.« Die SPÖ unterstellte Wöginger
hernach »ein patriarchales Weltbild der 50er-Jahre«, andere
hegten zumindest Zweifel an seinem Demokratieverständ-
nis. Allzu viele Kinder sind allerdings noch nicht als Grüne in
Wögingers Heimat Sigharting wiedergekehrt: Die ÖVP erzielte
dort bei der letzten Nationalratswahl satte 50,21 Prozent. Grün
verfünffachte sich zwar im Schwung des Öko-Trends, erreichte aber gerade einmal fünf Prozent. Will heißen: Laut dem
amtlichen Wahlergebnis leben exakt 26 Grüne in Wögingers
Gemeinde.

Man mag es als Treppenwitz der jüngeren Geschichte
empfinden, dass ausgerechnet Wöginger wenige Mona-

te später federführend eine Koalition mit den Grünen, die ihm ferner sind als die Freiheitlichen, zu verhandeln hatte. Das nachgerade Absurde daran: Er wurde jäh zum Liebling der Ökopartei. Erst lobte sein Verhandlungsgegenüber Birgit Hebein – sie ist die Chefin der Wiener Grünen – Schmäh und Pragmatismus des Innviertlers, später stellten er und sein Klubleitungs-Pendant Sigrid Maurer ihre fast schon an Freundschaft grenzende Eintracht zur Schau. Wie macht er das, der Wöginger? »Er ist unkompliziert und will niemanden belehren«, sagen Vertraute. Wöginger geht auf Gegner wie Parteifreunde zu, Differenzen räumt er gerne nonchalant aus dem Weg. Dass er auch ideologisch Andersdenkende auf seine Seite ziehen kann, bewies Wöginger 2006. Vier Jahre, nachdem er erfolglos als Betriebsrats-Chef beim Roten Kreuz (dort begann er gleich nach der Matura an einer Handelsakademie zu arbeiten) kandidiert hatte, wollte er es nochmals wissen, diesmal aber klapperte er unablässig die Dienststellen ab und umgarnte die Rotkreuzler – sodass sie am Ende den schwarzen Wöginger dem bisherigen Betriebsratsobmann von einer Namensliste vorzogen.

Für Kurz schmiedet Wöginger nicht nur Allianzen mit dem politischen Gegenüber, er bringt für seinen Boss vor allem die eigene Truppe auf Linie. Das ist für den Kanzler von unschätzbarem Wert, denn für das Parlament hat Kurz bekanntermaßen nicht viel übrig, er betrachtet es eher als verlängerte Werkbank der Regierungsarbeit. Beispiele dafür existieren zuhauf: von großen Reformen, deren parlamentarische Begutachtung durch das Einbringen von Initiativanträgen umgangen wurde bis hin zum Verzicht, nach dem Misstrauensvotum sein Mandat im Nationalrat anzunehmen.

Grundsätzlich ist die ÖVP-Truppe im Parlament freilich weniger schwierig auf Linie zu bringen, als das in der Vergangenheit der Fall war: Ein großer Teil der türkisen Abgeordneten sind einstige Quereinsteiger, die vor allem durch den Segen von Sebastian Kurz ins Hohe Haus eingezogen sind. Eigensinnige Mandatare mit starken Landesorganisationen oder Bünden im Hintergrund, so etwas gibt es im Parlamentsklub Wögingers nicht. Die Türkisen haben es perfektioniert, Politik aus einem Guss zu machen: So, wie Kurz-Intimus und Generalsekretär Axel Melchior Funktionäre, Bürgermeister und andere ÖVP-Sprachrohre mit regelmäßigen Papieren zur Argumentationshilfe auf dem Laufenden hält, tut das auch Wöginger mit seinen Mandataren. Als etwa im Ministerrat Mitte Februar eine Reform der Lehre mit Matura paktiert wurde, schickte Wöginger ein »Info-Update« an alle türkisen Abgeordneten, auf dem die fünf wichtigsten Punkte der Maßnahme in wenigen Worten kompakt zum Weitererzählen erklärt sind. Jeden Mittwoch erhalten die Mandatare nach dem Ministerrat so ein Papier, zusätzlich bekommen sie es zu aktuellen Anlässen. Als etwa im Frühjahr 2020 ein Streit um parteipolitische Einflussnahme in der Justiz tobte, schickten Melchior und Wöginger den Mandataren ein Papier unter dem Titel:

»Info-Update: Es braucht eine unabhängige und funktionierende Justiz«. Darin wurde die Kurz-Kritik an der Justiz verteidigt, Wöginger und Melchior lieferten auch gleich die Argumente dafür mit, warum die Vorwürfe gerechtfertigt gewesen seien. Ein anderer Fall: Als die SPÖ der ÖVP im Frühjahr 2020 auf Basis neuer Zahlen vorwarf, dass die türkis-blaue Kassenfusion Geld verschlinge, anstatt welches einzusparen, bekamen Abgeordnete ein Blatt mit den vier zentralen Argumenten wider die »Angstmache« der Sozialdemokraten durch deren »haltlose« Vorwürfe. Versuche, die Kassenfusion schlechtzureden, seien »parteipolitisch motiviert«, heißt es im Wöginger-Papier.

Das Bemerkenswerte am ÖAAB-Chef: Er steht auch zu Kurz, wenn's in Teilen der Arbeiterschaft zu rumoren scheint. Wöginger verteidigte selbst den Zwölf-Stunden-Tag mit Inbrunst, obwohl er eine solche Reform vor seiner Zeit als Klubchef eigentlich noch nicht für nötig befunden hatte. Toilettengänge bei den für Arbeitnehmer heiklen Abstimmungen sind trotzdem nicht überliefert. Übrigens von keinem einzigen türkisen Abgeordneten.

KARL NEHAMMER ...

... geboren 1972, kam 2017 aus dem politischen Nichts auf die große Bühne und hat als »Mann fürs Grobe« die Flanke zur FPÖ abzudecken. Als Innenminister ist er zentraler Corona-Krisenmanager.

DER SOLDAT

Die *Austria Presse Agentur* spielt eine faszinierende Rolle in der heimischen Politik- und Medienlandschaft. Kein Medium hat eine vergleichbare Funktion als Informations-Torwächter, alle größeren Medienhäuser des Landes sind Kunden der APA und beziehen ihre Meldungen als Basis oder zumindest Ergänzung der eigenen Berichterstattung, ganz zu schweigen von den in allen Verlagen üblichen, direkt aus der APA übernommenen Online-Artikeln. Und was in der Zeitung gedruckt wird, ist letztlich nur ein Bruchteil dessen, was in der APA steht. Dort findet in der Regel selbst jede noch so kleine Pressekonferenz einer Oppositionspartei und jede noch so erwartbare Aussendung einer Interessensgruppe Berücksichtigung, sofern sie nur irgendwie von Relevanz ist.

Karl Nehammers allererste namentliche Erwähnung im Archiv der APA ist auf den 15. Februar 2016 datiert, davor hat er öffentlich nicht existiert. Der Anlass der Meldung:

Damals sprang Thomas Kratky, Bruder des Ö3-Aufweckers, nach dem Rücktritt des eigentlichen Managers als Leiter der Kampagne von Andreas Khol im Präsidentschaftswahlkampf ein. In puncto Organisation unterstützt wurde er, das geht eben aus der Meldung hervor, von einem gewissen Karl Nehammer, Vizegeneralsekretär des ÖVP-Arbeitnehmerbundes ÖAAB.

Was für ein Aufstieg: Keine vier Jahre, nachdem Nehammer 2016 die Nummer zwei des Ersatz-Managers des mit Abstand erfolglosesten Wahlkampfes in der langen Geschichte der österreichischen Volkspartei war – Khol erreichte 11,1 Prozent und Platz fünf – vier Jahre, nachdem seinen Namen allenfalls politische Insider kannten, zog er als Innenminister in die Wiener Herrengasse ein. »Der Karl«, sagt ein ranghoher Türkiser, »war in der ÖVP immer total unter dem Radar« – bis ihn die Kurz-Truppe emporgezogen hat. In der ÖVP gilt er als enorm ehrgeizig, zuverlässig und hundertprozentig loyal.

Die Rolle, die ihm die Türkisen zunächst 2017 verliehen, war Nehammer wie auf den Leib geschneidert: Als Generalsekretär der Partei musste er dann ausrücken, wenn sich der Kanzler oder andere nicht die Finger schmutzig machen wollten, von Parteispenden-Vorwürfen bis hin zu FPÖ-»Einzelfällen«. In die Funktion kam er 2017 vor allem auf Empfehlung seines Freundes, Kurz-Personalchef Axel Melchior, richtig kennengelernt hat ihn der Kurz-Vertraute über Nehammers Frau, sie ist die Tochter von ORF-Legen-

de Peter Nidetzky und war Sprecherin von einem Amtsvor-
gänger ihres Gatten, Wolfgang Sobotka. Dass Nehammer
zuvor im ÖAAB aufstieg, lag vor allem an Johanna Mikl-Leitner und August Wöginger, letzterer holte ihn einst als Bürochef ins Generalsekretariat des Arbeitnehmerbundes.
Kurz lernte Nehammer bereits 2007 flüchtig kennen,
zu dessen Vertrauten zählte er allerdings nie. Auch jetzt
ist er kein Vor- oder Mitdenker des Kanzlers, wohl aber
ein eifriger Umsetzer. Nehammer bewährte sich als Mann
fürs Grobe – und qualifizierte sich so für den Job des
Innenministers.

Auch das passt auf den ersten Blick ganz gut: Ehe er
ranghoher Parteisoldat wurde, war Nehammer Berufssol-
dat beim Bundesheer, heute ist er Offizier der Miliz. Die
Rhetorik des Sicherheitspolitikers ist hart, die Frisur mi-
litärisch, er ist laut und verbringt seine rare Freizeit am
liebsten mit dem Boxsport (sein Trainer ist der Ex-Profi-
boxer Abey Maiyegun). Kurzum: Es gab schon Polizeimi-
nister, die weniger Härte ausgestrahlt haben als Karl Nehammer. Dass er in Niederösterreich politisch sozialisiert
wurde, dürfte dem Wiener beim Aufstieg zum Innenminister nicht geschadet haben: Das Haus hat Kritikern zufolge
eine Nähe zur niederösterreichischen ÖVP, und in dieser ist
der mittlerweile in Hietzing wohnhafte Meidlinger politisch zuhause.

Dass Nehammer in der ÖVP landete, war keine große
Überraschung: Er entstammt einem ÖVP-affinen Umfeld,

seine Eltern – beide waren beruflich im Gartenbau unterwegs, der Vater als Vorstandsdirektor und die Mutter als ranghohe Interessensvertreterin – waren eng mit schwarzen Parteigranden wie Alois Mock befreundet. Und bei seinen Großeltern mütterlicherseits, Fleischerei-Industrielle in Niederösterreich, waren überhaupt Kaliber wie Leopold Kunschak und Julius Raab zum Politisieren zu Gast. 1986, als Nehammer gerade einmal 14 Jahre alt war, verteilte er erstmals Zettel für die ÖVP, und zwar im letztlich verlorenen Mock-Wahlkampf.

Noch als Soldat ließ sich Nehammer über das Bundesheer zum Kommunikationstrainer ausbilden, wenig später coachte er an der politischen Akademie der ÖVP und in der Bundespartei Funktionäre. Nachdem er sich in der Bundespartei um Straßenwahlkampf-Schulungen gekümmert hatte, wurden die Niederösterreicher auf ihn aufmerksam. Erst wurde er Geschäftsführer der ÖVP-Bildungsakademie in St. Pölten, später war Nehammer als Kommunalreferent der niederösterreichischen ÖVP für die Kampagnenfähigkeit der Gemeindeparteien verantwortlich. Seine größten Förderer dabei waren die Parteimanager Bernhard Ebner und Gerhard Karner.

Als Innenminister fällt Nehammer eine Schlüsselrolle in der Corona-Krise zu: In seinem Ressort ist der operative Krisenstab angesiedelt, dort werden unter anderem die Blaulicht-Organisationen koordiniert. Der Stab tagte in der Krise rund um die Uhr, Nehammer war immer wieder dort.

Mehrmals pro Woche trat er als Krisenmanager an der Seite von Kanzler und Gesundheitsminister in Pressekonferenzen auf. Nicht nur in der Krise telefoniert Nehammer so gut wie täglich mit Kurz, oft ist es der Kanzler, der sich mit einer Anweisung an den Innenminister wendet, auf welches Thema man wie »draufgehen« könnte. Wenn Nehammer eine große Aufgabe für Kurz zu erfüllen hat, dann ist es die folgende: Es gilt, die Flanke zur FPÖ nach dem Koalitionswechsel zu Grün mit harter Migrations- und Sicherheitspolitik mit allen politischen und rhetorischen Mitteln abzudecken. Das ging sich selbst in der Corona-Krise aus: Nachdem Grünen-Chef Werner Kogler etwa forderte, zumindest Frauen und Kinder aus den ebenfalls vom Virus befallenen und ohnehin elenden Asyllagern auf griechischen Inseln herauszuholen, stellte sich Nehammer entschieden dagegen, und zwar mit dem Schlüsselsatz seiner Amtszeit: »Es darf keine neue Migrationswelle nach Österreich geben.«

WOLFGANG SOBOTKA ...

... geboren 1956, war in der rot-schwarzen Regierung Prell-
bock für die Türkisen und ist seither enger Vertrauter von
Sebastian Kurz. Der kunstsinnige Ex-Lehrer ist auch als
Nationalratspräsident bedingungsloser Kurz-Mitstreiter.

DER LOYALE PRÄSIDENT

Wir befinden uns im Dezember 2017. Sebastian Kurz hat
die Macht in der ÖVP übernommen, die Nationalratswahl
für sich entschieden und die alte Bundes-ÖVP durch seine
türkise Truppe ersetzt.

Die ganze alte ÖVP? Nein, denn während schwarze Kaliber wie Reinhold Lopatka oder Hans Jörg Schelling geräuschlos ihre Sessel zu räumen hatten, überlebte nur einer
von ihnen in der allerersten Reihe der Politik: Wolfgang
Sobotka, der damals 61-jährige Hardliner aus dem niederösterreichischen Waidhofen an der Ybbs, wurde im Dezember 2017 Präsident des Nationalrates.

Wer das letzte Jahr der 2017 zu Ende gegangenen rot-
schwarzen Regierung miterlebt hat, den mag das nicht
sonderlich überrascht haben. Denn Sobotka war seit seinem Regierungseintritt im Jahr 2016 der wohl wichtigste
Verbündete von Sebastian Kurz. »Wir waren«, erzählt Sobotka, »von Anfang an im Gleichklang unterwegs«. Kurz

und Sobotka, das waren jene beiden Politiker, die am unzufriedensten mit der verfahrenen Koalition waren – allerdings stellte Sobotka das wesentlich offenherziger zur Schau. Er attackierte Kanzler und SPÖ-Chef Christian Kern über Monate scharf, nannte ihn einen »Marketing-Guru« und kritisierte die eigene Regierung offen. Der Höhepunkt der gut inszenierten Ablehnung: Ende Jänner 2017 weigerte sich Sobotka, eine Neuauflage des rot-schwarzen Regierungsprogramms zu unterzeichnen. Auch Kurz wollte das vorerst nicht tun. Nach einem medienwirksam ausgetragenen Hickhack unterschrieb Sobotka letztlich doch, um die Koalition nicht an Ort und Stelle zum Platzen zu bringen. In seinen Memoiren behauptete der letztlich glücklose ÖVP-Chef Reinhold Mitterlehner später, Sobotka sei »Sprengmeister« im Dienste des damaligen Außenministers Kurz gewesen.

Allein: Warum eigentlich fühlte sich Sobotka Kurz so stark verbunden, wie kam es zu dieser Allianz? Kennengelernt hat er Kurz bereits vor vielen Jahren, wenn auch nur flüchtig und in Zeiten, in denen Kurz Staatssekretär für Integrationsagenden war und Sobotka Wohnbaulandesrat mit Integrationssorgen in Niederösterreich. Sobotka gefiel der fordernde Kurz-Kurs in puncto Migration. Vor allem aber verband die zwei später, als man dann gemeinsam in einer Bundesregierung saß, eine Sache: Sie hatten offenkundig ein viel größeres Problem damit als alle anderen handelnden ÖVP-Politiker, sich als Juniorpartner in der Koalition von der SPÖ dominieren zu lassen. Und in Kurz sah Sobotka einen Politiker mit dem Potenzial, den Bürgerlichen die Macht zurückzuerobern.

Das Ergebnis der frühen Sympathie ist eine seit Jahren anhaltende Allianz, Sobotka ist einer der wichtigsten politischen Wegbereiter von Kurz. Die beiden reden regelmäßig miteinander und Sobotka erfüllt gleich mehrere Rollen im System Kurz. Der Nationalratspräsident ist politischer Ratgeber und ein mächtiger Vertrauter des Kanzlers im Parlament. Angenehm für Kurz: Auf dem Sessel des formal zweithöchsten Amtes der Republik sitzt mit Sobotka keiner, der ihm öffentlich Kritik – etwa am Umgehen von Begutachtungsfristen – ausrichtet. Sobotka ist trotz seiner überparteilichen Rolle im Hohen Haus Verhandler für die Türkisen, unter anderem schnapste er sich 2019 mit der späteren Justizministerin Alma Zadić das türkis-grüne Justizkapitel im Regierungsprogramm aus. Und wenn's sein muss, rückt er in heiklen Angelegenheiten für den Kanzler aus: In der Corona-Krise etwa sprach sich der Nationalratspräsident als erster Politiker dafür aus, eine Gesundheits-App im Kampf gegen die Ausbreitung des Virus verpflichtend auf Smartphones zu installieren.

Unter Türkis-Blau wurde er von Kurz beispielsweise losgeschickt, um mit seinen guten Kontakten und seiner Durchsetzungsfähigkeit in den Bundesländern das Fundament für eine Pflegereform zu legen. Denn dort, wo die ÖVP noch schwarz und nicht türkis ist, kennt sich Sobotka nach Jahrzehnten in der Kommunal- und Landespolitik bestens aus: 1992 wurde er Finanzstadtrat von Waidhofen an der Ybbs, vier Jahre später Bürgermeister und 1998 schließlich von seinem Vertrauten Erwin Pröll zum mächtigen Finanzlandesrat Niederösterreichs gekürt. Das blieb er bis zu seinem Ausflug ins Innenministerium. Niemand in Österreich war je länger für die Finanzen eines Bundeslandes zuständig, erzählt Sobotka gerne, »nicht einmal der Sausi«, (gemeint ist Vorarlbergs Ex-Landeshauptmann Sausgruber) oder der Pühringer«. In seine Amtszeit fiel eine Spekulation mit Wohnbaugeldern, die laut Kritikern für die Steuerzahler nicht sonderlich günstig ausging und ihm heftige Vorwürfe einbrachte. Sobotka, der in Niederösterreich zudem Chef des in der Kurz-ÖVP mächtigsten Parteibundes ÖAAB ist, bestreitet allerdings, dass bei diesem Investment Geld verloren ging.

Im Gegensatz zu Kurz ist Sobotka ein äußerst aufbrausender Typ, Kritiker bezeichnen ihn eher als Choleriker. Zeugnis seines Temperaments legte er im Juni 2019 öffentlichkeitswirksam ab, als er in einer Nationalratssitzung den SPÖ-Vizeklubchef Jörg Leichtfried mit hochrotem Kopf und lautstark attackierte. Grund zum Ärger hatte er allemal, denn Leichtfried monierte ohne Beweisgrundlage, dass durch Parteispenden an die ÖVP der Eindruck der Bestechlichkeit entstünde. »Nimm das zurück! Bestechlichkeit ist ein Strafdelikt«, polterte Sobotka – die kurze Videosequenz des wütenden Präsidenten wurde zum Renner im Netz, allein auf YouTube sahen sie Zehntausende an.

Überhaupt tut sich Sobotka mit der Sozialdemokratie ideologisch nicht so leicht. Die spö hat sich seiner Meinung nach nicht überall ausreichend vom Sozialismus abgegrenzt, und dieser ist für Sobotka eine verheerende Ideologie, die Armut im Gegensatz zum Kapitalismus immer nur verschärft hat. Wenn er, der ehemalige Musik- und Geschichtelehrer, der unter anderem Philipp Maderthaner unterrichtete, seinen Vortrag über den Sozialismus hält, zieht er vom Leder, als hätte Jörg Leichtfried gerade unbegründete Vorwürfe gen övp geschmettert.

Kaum zu glauben: Eigentlich ist Wolfgang Sobotka ein außerordentlich feinsinniger Mann. Der sechsfache Vater ist studierter Cellist, ein anerkannter Dirigent und er baute die Musikschule in Waidhofen an der Ybbs zu einer der angesehensten des Landes auf. Bis auf eine Ausnahme ist jedes Bild in Sobotkas Büro von ihm selbst gemalt – abgesehen von den Politikporträts, versteht sich. An der Wand neben der Eingangstür zu seinem Büro prangen der Niederösterreicher Leopold Figl und John F. Kennedy.

In der övp gilt Sobotka als »Getriebener«. Sobotka schläft kaum, man erzählt sich gerne, dass er mitten in der Nacht seinen Garten pflegt – und zwar mit Stirnlampe, weil er sonst nichts sehen würde. Einmal, es war im Jänner 2017 kurz vor dem versuchten Neustart der rot-schwarzen Regierung, wollte Sobotka Kurz unbedingt treffen, als die zwei Politiker zugleich in Berlin waren. Es war spät, weit nach Mitternacht, und Kurz war eigentlich geschafft vom Arbeitstag. Sobotka allerdings meinte, unbedingt besprechen zu müssen, wie es denn in der verfahrenen Situation mit der SPÖ und Mitterlehner weitergeht, und durchquerte dafür mitten in der Nacht die deutsche Hauptstadt, um zum Hotel des damaligen Außenministers zu kommen.

Der ehemalige Lehrer, Stadtarchivar, Stadtrat, Bürgermeister, Landesrat und Minister neigte in den vergangenen Jahrzehnten übrigens dazu, sich in regelmäßigen Abständen neue Aufgaben zu suchen. Man darf also damit rechnen, dass Sobotka nicht als Nationalratspräsident in die Polit-Pension gehen wird,. Fix ist nur eines: »Sebastian Kurz kann auf meine bedingungslose Loyalität zählen«, sagt Sobotka. »Und Loyalität ist eine Münze, die kannst du nur einmal ausgeben.« Sobotka scheint diesmal sicher investiert zu haben.

HARALD MAHRER ...

... geboren 1973, hält Sebastian Kurz an der Wirtschaftsfront den Rücken frei, unter anderem als Chef von Wirt-
schaftsbund, Kammer und Nationalbank. Durfte in der Corona-Krise als Hilfsfonds-Abwickler ran.

MAHRER UND DIE WIRTSCHAFTSFRONT

Wien, Anfang August im Jahr 2008. Vier Wochen, nachdem
Wilhelm Molterer mit dem fast legendären Ausspruch »Es
reicht!« die Koalition der ÖVP mit der SPÖ für kurze Zeit
unterbrochen hat, rief der bis in die aufgeföhnten Haar-
spitzen motivierte Harald Mahrer bei Wiens ÖVP-Chef Johannes Hahn an. Was er wollte? Ein Mandat. »Gio«, sagte
der damals 35-jährige PR-Berater aus dem Dunstkreis der
ÖVP, »ich zahl mir meine Kampagne selbst, dafür musst du
mich im Wahlkreis Innen-West auf eins reihen«.

Das Problem an der Sache: Der Wahlkreis, der die Bezir-
ke Innere Stadt, Neubau, Mariahilf, Josefstadt und Alser-
grund umfasst, hatte bereits seine ÖVP-Frontfrau, die hieß
Gabriele Tamandl und war längst Nationalratsabgeordnete.
Und weil ein zweiter Platz auf der Wahlkreisliste völlig aus-
sichtslos in Sachen Parlamentseinzug war, konnte er Mahrer nichts anbieten, mit einer Ausnahme: Hahn gab ihm
die Handynummer von einem anderen motivierten jungen

Mann, der nicht nur auf den Wahllisten der ÖVP nach oben strebte: Wiens JVP-Chef Sebastian Kurz. Mit dem könne Mahrer ja über künftige Kandidaturen und allerlei anderes reden, so Hahn.

Wenig später saßen die beiden tatsächlich im Wiener Café Griensteidl am Michaelerplatz bei einem Cola light und lernten einander kennen. Der Jusstudent Kurz erklärte dem um einige Jahre älteren Unternehmer Mahrer, dass er die ÖVP gerne irgendwann für ein breiteres Publikum wählbar machen möchte, man neue Themen ansprechen müsse und so weiter und so fort. Und Mahrer, dem notorischen Parteierneuerer, gefiel, was er hörte. Die beiden mussten sich allerdings noch gedulden: Mahrer kandidierte bei der Nationalratswahl 2008 gar nicht, für Kurz reichte der zehnte Platz auf der Wiener Landesliste der ÖVP nicht für einen Einzug ins Hohe Haus.

Wien, Mitte März im Jahr 2020. Zwölf Jahre nach dem Griensteidl-Stelldichein stehen Kurz und Mahrer an einem Samstagvormittag im Kanzleramt Seite an Seite, und ihr Auftritt wird von einem Millionenpublikum vor den TV-Schirmen verfolgt. Der Auftrag, der die beiden zusammengebracht hatte, war diesmal keine Listenerstellung, sondern nicht weniger als die Rettung des Wirtschaftsstandorts vor den Folgen der Corona-Krise. Um einen völligen Einbruch der Wirtschaft zu verhindern, verkündeten die anwesenden Sozialpartner-Chefs, der Kanzler und sein Vize, die Wirtschaftsministerin und der Finanzminister ein milliardenschweres Erste-Hilfe-Paket für den Standort. Mahrer, der nach der Machtübernahme durch Sebastian Kurz Wirtschaftskammer-Präsident geworden war, verhandelte dessen Details mit dem Gewerkschaftsboss Wolfgang Katzian. Kurz gab derweil den obersten Corona-Krisenmanager und griff in einer Ausnahmesituation wie dieser selbst auf die von ihm ansonsten eher ungeliebten Sozialpartner zurück. Mehr noch: In der Corona-Krise wickelte die Wirtschaftskammer bestimmte Hilfsfonds-Zahlungen an Unternehmen ab – und nicht die Finanz, wie die Opposition monierte.

Kammerboss Mahrer hat allerdings auch außerhalb von Krisenzeiten keine unwichtige Rolle an der türkisen Wirtschaftsfront inne: Mal ist er Berater in wirtschaftspolitischen Fragen, mal verhandelt er. Das tat er auch im Koalitionspoker 2019, und zwar trotz seiner überparteilichen Rolle als Wirtschaftskammerchef. Auch in Personalfragen redet Mahrer hie und da mit, wenn auch nicht bei ganz zentralen Personalia: Den 2020 zum Staatssekretär aufgestiegenen Vorarlberger Wirtschaftsbündler Magnus Brunner etwa kannte Kurz nur flüchtig, Brunners Rekrutierung ging nicht zuletzt auf Mahrer zurück. Auch bei Wirtschaftsministerin Margarete Schramböck soll der Kurz-Vertraute mitgeholfen haben, heißt es. »Es gibt Wochen, da telefonieren wir gar nicht und Tage, da reden wir mehrmals täglich«, sagt Mahrer beinah lapidar über seinen Kontakt mit Kurz. Mahrers wichtigste Anknüpfungspunkte ins engste

Kurz-Umfeld sind die beiden obersten Kanzlermitarbeiter Bernhard Bonelli und Markus Gstöttner.

Kurz, Bonelli und Gstöttner drückten noch die Schulbank, als Mahrer längst große Pläne für eine Karriere in der Politik schmiedete. Ihren Anfang nahm diese in der Uni-Politik, Mahrer war in den 1990ern ÖH-Vorsitzender für die ÖVP-nahe Aktionsgemeinschaft. Schon bald begann er damit, mantraartig die Notwendigkeit einer Rundumerneuerung der alten ÖVP zu predigen. Allein, man hörte ihm nicht so richtig zu, Mahrers politischer Aufstieg ließ noch auf sich warten. Später sagte Mahrer einmal in einem Zeitungsinterview, er sei der Wiener ÖVP wohl »zu steil« gewesen. Mahrer legte dennoch unbeirrt und mit unglaublichem Ehrgeiz manch frische These vor, sagen jene, die es gut mit ihm meinen. Unter anderem warb er bereits 2013 mit einem Buch für eine Koalition aus ÖVP und den Grünen. Trotz Schwarz-Grün-Affinität und liberalem Weltbild hatte Mahrer kein Problem mit der harten Migrationspolitik der Türkisen. Denn: »Ich habe ja 2015 und das, was an der Grenze los war, miterlebt.«

Überhaupt zerbrach sich Mahrer viele Jahre von Berufs wegen den Kopf über die Reform seiner Partei, in der er, langsam aber sicher, emporkam: 2011 übernahm er die Leitung der Julius-Raab-Stiftung, das ist ein ÖVP-naher Thinktank. Später mischte er bei der auf ein neues Parteiprogramm hinauslaufenden Aktion »Evolution Volkspartei« an der Seite von Gernot Blümel und Sebastian Kurz mit. Mahrers wichtigste Verbündete waren einst vor allem die ranghohen Landespolitiker Christopher Drexler aus der Steiermark und Stephan Pernkopf aus Niederösterreich. Schließlich holte Kurz seinen Freund 2015 zu sich an die Spitze der Politischen Akademie der ÖVP.

Mahrer selbst sieht sich als »Vordenker« in der Volkspartei. Wer dem Mann mit Faible für emsige Selbstvermarktung und bunte Krawatten indes weniger gutgesinnt ist, wirft ihm das stete Produzieren von gutklingenden, aber eher luftigen Phrasen vor. Mahrer, der für Interviews gerne vor Graffiti-Wänden am Donaukanal posierte, ließ als Wirtschaftsstaatssekretär T-Shirts mit der Aufschrift »No sleep 'til Gründerland No. 1« drucken – und trug sie selbst.

So oder so, Mahrers Ehrgeiz hat sich in den vergangenen Jahren bezahlt gemacht, das zeigt allein seine bemerkenswerte Visitenkarte: Obwohl er alles andere als ein Unterstützer Reinhold Mitterlehners war, holte der spätere Kurz-Gegner den Kurz-Freund 2014 in die Regierung, Mahrer war in der vorerst letzten rot-schwarzen Regierung erst Wirtschaftsstaatssekretär und dann sogar kurz Wirtschaftsminister. Mit Kurz ging es weiter bergauf: Erst stieg er auf zum Chef des ÖVP-Wirtschaftsbundes, hernach wurde Mahrer Wirtschaftskammer-Präsident, Sporthilfe-Chef, Obmann der Selbstständigen-Kasse SVA und obendrein Präsident des Wirtschaftsforschungsinstituts Wifo. Mahrers Vorgänger Christoph Leitl hatte übrigens dieselben Jobs inne – doch 2018 fragte der neue Kanzler den neuen

Ämter-Multi Mahrer auch noch, ob er sich vorstellen könne, Präsident der Nationalbank zu werden. Mahrer konnte, seither ist er eben zusätzlich noch Chef der heimischen Zentralbank. Sein Vizegouverneur dort ist jener Mann, der schon in Mahrers Zeit als ÖH-Vorsitzender an der WU Wien in den 1990ern sein Finanzreferent war: der renommierte Ökonom Gottfried Haber.

Der angenehme Nebeneffekt für Kurz, dass mit Mahrer ein enger Vertrauter an einer beachtlichen Zahl an Schalthebeln in der Republik sitzt: Er muss sich so mit weniger Meinungen herumschlagen, die möglicherweise von der seines Machtzirkels abweichen. Das trifft sich gut, denn dass der Außenauftritt der ÖVP stets der Maxime des größtmöglichen Gleichklangs folgen sollte, findet auch Mahrer: »Früher gab es in der Öffentlichkeit eine Kakophonie an Meinungen«, sagt er über die ÖVP vor Kurz. »Das gäbe es in keinem Unternehmen.«

ELISABETH KÖSTINGER ...

... geboren 1978, mag zwar keine gesellschaftspolitische Vordenkerin für Sebastian Kurz sein, kümmert sich aber als Ministerin für ihn authentisch um den ländlichen Raum.

DAS WEIBLICHE GESICHT DER TÜRKISEN TRUPPE

Wissen Sie, wie der Chef der Kärntner ÖVP heißt? Nein? Keine Sorge, Sie sind nicht allein. Bei der Funktion des obersten Kärntner ÖVP-Politikers handelt es sich nämlich nicht gerade um einen Beruf von großer überregionaler Tragweite, die bundespolitische Bedeutung der Kärntner Schwarzen könnte man eher als historisch gering bezeichnen. Nur einmal stellte die ÖVP seit 1945 im südlichsten Bundesland den Landeshauptmann, nie gewann sie eine Wahl. Selbst mit dem Rückenwind der türkisen Kanzlerschaft und des »Kurz-Effekts« gereichte es bei der Landtagswahl 2018 gerade einmal zu 15,5 Prozent. Wenn es also ein Bundesland gibt, das mit der politischen Machtbasis von Sebastian Kurz auch wirklich nicht das Geringste zu tun hat, dann ist es das rote Kärnten.

Und doch ist mit der Lavanttaler Bauerntochter und heutigen Landwirtschaftsministerin Elisabeth Köstinger ausgerechnet eine Kärntnerin eine der sichtbarsten und wichtigsten Wegbegleiterinnen des ÖVP-Chefs.

Mit der Kärntner ÖVP hat ihr Aufstieg allerdings nichts zu tun – und genau dieser Umstand zeigt, was neben Loyalität Kurz gegenüber ihr wohl größter politischer Trumpf ist: Durchsetzungsvermögen. Beispiele dafür gibt es in der politischen Vita der Elisabeth Köstinger zuhauf. So wurde sie etwa 2007 Jungbauern-Chefin, obwohl es in Kärnten gar keine eigene Landesorganisation gab, von deren Spitze aus sie zur Bundesobfrau gewählt werden hätte können. Doch Köstinger überredete die Landesgruppen aus Tirol und Vorarlberg, sie als Kompromisskandidatin in der zerstrittenen Landjugend gegen den haushoch favorisierten Niederösterreicher Andreas Schmuckenschlager ins Rennen zu schicken – und sie gewann. Ein weiteres Beispiel: 2009 zog Köstinger gegen den Willen der Kärntner ÖVP rund um den später wegen Korruption verurteilten Josef Martinz ins EU-Parlament ein. Köstinger hatte nie viel mit ihrer Landespartei zu tun, sie suchte sich immer schon ihre Verbündeten in Bauernbund und Bundespartei, fündig wurde sie unter anderem im ebenfalls aus dem Lavanttal stammenden Ex-ÖVP-Generalsekretär Fritz Kaltenegger. Über ihr Netzwerk in Wien und im Bauernbund schaffte sie es auf die EU-Wahlliste, (eine Kandidatur für den Nationalrat hat Köstinger nie so richtig interessiert, im Fernsehen kamen ihr Parlamentsdebatten immer wie reines Parteien-Hickhack vor). Früh lernte Köstinger in Wien die Kurz-Partie um Stefan Steiner und Axel Melchior kennen. Bei der EU-Wahl 2009 bekam die Kärntnerin schließlich beachtliche

44.000 Vorzugsstimmen. 2014 toppte sie diese Zahl mit der Hilfe des türkisen Kampagnen-Gurus Philipp Maderthaner noch einmal deutlich, 58.000 Menschen gaben Köstinger eine Vorzugsstimme. Bei beiden Wahlen wurde die überregional kaum bekannte Polit-Solistin nur von Othmar Karas geschlagen.

Das machte Eindruck, auch bei Sebastian Kurz. Er sah, dass die junge Politikerin, die überall nur »Elli« genannt wurde und angenehmerweise keiner Landespartei verpflichtet war, offenbar gut bei den Leuten ankam. Köstinger selbst sagt heute übrigens über sich, dass ihr »politischer Lebensweg von viel Eigenständigkeit gekennzeichnet« war. Man könnte es auch so formulieren: Sie schaffte es de facto als Einzelgängerin in die Spitzenpolitik.

Noch bevor Kurz 2011 Staatssekretär wurde, kannten die beiden einander gut, beide galten als verheißungsvolle Politiker. Als Kurz schließlich in die Regierung kam, war Köstinger die erste, die via Presseaussendung gratulierte: Ein Signal für »Jugend und Dynamik« nannte sie den Aufstieg des Sebastian Kurz damals – ahnend, dass sie von diesem Momentum selbst einmal profitieren könne.

Köstingers vordergründig wichtigste Rolle im türkisen System: Sie deckt für Kurz den für die ÖVP immens wichtigen Landwirtschaftsflügel ab, und das tut sie ziemlich authentisch. Sie entstammt einem landwirtschaftlichen Betrieb in der roten Gemeinde Sankt Paul im Lavanttal, Köstinger wuchs auf in einem Bauernhaus mit Geschwistern, Eltern, Onkel, Tanten, Großeltern und Urgroßeltern. Der erfolgreiche Köstinger-Hof ist auf den Verkauf von Most und Schnaps spezialisiert. Viel zu tun hat die Ministerin damit operativ allerdings nicht, den Betrieb übernehmen wollte sie nie, dafür war schon früh Köstingers jüngere Schwester vorgesehen. Noch als Schülerin dockte sie, die eigentlich einmal Kindergärtnerin werden wollte, bei der Landjugend an, in der sie rasch emporstieg, auch war sie im Europäischen Rat der Jugendlandwirte vertreten.

Seit 2009 ist sie Vizechefin im Bauernbund, sie brachte – Stichwort Plastik-Verordnung – für Kurz schon den einen oder anderen herzeigbaren Erfolg nach Hause. Und auch nach Jahren in Wien und Brüssel verkörpert Köstinger immer noch die junge Frau vom Land. Einblicke in ihr Leben als Landkind in der großen Stadt gab sie in einem *Heute*-Interview Anfang 2020: Wenn Köstinger längere Zeit in ihrer Kärntner Heimat verbracht hat, grüßt sie aus Gewohnheit auch in der Hauptstadt die Leute auf der Straße. Ernüchternder Nachsatz: »Aber in Wien grüßt nie jemand zurück.«

»Elisabeth Köstinger ist«, fasst Kurz ihre Rolle zusammen, »unsere starke Stimme für den ländlichen Raum«. Und dieser ist für Kurz von enormer Bedeutung: Hätten im Herbst 2019 nur ländliche Gemeinden gewählt, die ÖVP des Meidlingers Kurz hätte an der absoluten Mehrheit gekratzt.

Vor allem aber erfüllt Köstinger eine andere, weniger aufs Politische selbst angelegte Rolle: Sie ist, das sagen

Kurz-Intimi seit Jahren, das weibliche »Gesicht« der türkisen Truppe. Schließlich will man keineswegs dem Vorwurf der Buberl-Partie ausgesetzt sein. Egal, wo Kurz gerade war, Köstinger stand gut sichtbar neben ihm. So auch im Sommer 2017, als er bewusst von ihr flankiert vor sämtlichen Kameraleuten zur Politischen Akademie der ÖVP spazierte, um bei einer Parteisitzung die Führung der ÖVP zu übernehmen. Ein gezieltes optisches Signal des Politikers, der keinen öffentlichen Auftritt dem Zufall überlässt.

Schon zuvor, im Jahr 2015, machte Kurz seine Intima zur Vizechefin der Politischen Akademie, damit sie mit ihm an einem neuen Parteiprogramm arbeitet. 2017 war Köstinger als Generalsekretärin offiziell Leiterin der Wahlkampagne – in der allerdings eigentlich Stefan Steiner, Axel Melchior und Philipp Maderthaner die Fäden zogen. 2017 stieg sie während der Regierungsverhandlungen, bei denen sie in der Chef-Gruppe war, kurz zur Nationalratspräsidentin auf, ein höheres Amt hatte die ÖVP zu diesem Zeitpunkt der noch nicht paktierten Koalition nicht zu vergeben. Als Türkis-Blau stand, wurde sie Umweltministerin. Selbst nach der Geburt ihres ersten Sohnes Lorenz – sie trägt seitdem ein Ketterl mit einem »L«-Anhänger um den Hals – fehlte Köstinger nur fünf Wochen. In Karenz ging ihr Mann, ein Kärntner Beamter.

Unter Türkis-Grün verlor sie zwar die Öko-Agenden, dafür wurde für Köstinger extra eine Art »Ministerium für den ländlichen Raum« zusammengezimmert. Darin enthalten: Post, Breitbandausbau und eben Landwirtschaft. Dass Köstinger auch für den Zivildienst politisch zuständig ist, weiß man spätestens, seit sie in der Corona-Krise ehemalige »Zivis« zu Hilfe rief. Neben Gernot Blümel zählt sie auch zu den wenigen gelernten Politikern im türkisen Kabinett der quereingestiegenen Spitzenpolitik-Anfänger, und verfügt dementsprechend über mehr Selbstständigkeit als die meisten ihrer Kollegen.

Ideologisch ist Köstinger schwer zu verorten. Wie Kurz hat sie kein Problem mit ÖVP-untypischen Protektionismus-Ansätzen à la »Nein zum Mercorsur-Handelspakt«, solange sie in Bevölkerung und Bauernschaft populär sind. Die SPÖ-Aversion, die alle zentralen türkisen Figuren eint, gibt es auch bei Köstinger. Kultiviert wurde diese auch bei ihr in den Jahren des rot-schwarzen Hickhacks vor der ÖVP-Übernahme durch Kurz. Ein einschneidendes Erlebnis für Köstinger waren die Regierungsverhandlungen 2013: Die motivierte Jungpolitikerin war in den Gruppen für Umwelt und Europa, dabei saß sie den mit allen Wassern gewaschenen sozialdemokratischen Kalibern Josef Cap und Renate Brauner gegenüber. »Alles«, erinnert sich Köstinger, »wurde bis zum kleinsten Kompromiss runterverhandelt«. Überhaupt tat sie sich mit den Roten immer schon schwer. Nach der Matura jobbte Köstinger vier Jahre als Assistentin in der Kärntner Gebietskrankenkasse, doch die rote Übermacht mitsamt klassisch-gewerkschaftlicher Organisation hielt Köstinger nur schwer aus. Heute weiß sie noch genau, an welchem Tag sie aufgehört hat, dort zu arbeiten: Es war der 2. Juni 2003. An diesem Tag hatte sie exakt vier Jahre gearbeitet und damit den Anspruch auf ein Selbsterhalter-Stipendium an der Uni erworben. Keinen Tag länger wollte sie in der roten Kasse bleiben.

Die wenigen öffentlichen Scharmützel in der Polit-Karriere der Elisabeth Köstinger wurden mit den Sozialdemokraten ausgetragen. 2019 etwa duellierte sich Köstinger mit der SPÖ in der vermeintlich harmlosen Angelegenheit einer Ökostromnovelle. Noch heftiger krachte es in der Corona-Krise: SPÖ und Stadt Wien liefen Sturm gegen Köstingers Entscheidung, als zuständige Ministerin die vom Bund betriebenen Parks wie Schönbrunn oder den Augarten zuzusperren. Dort könnten sich Menschen schließlich gegenseitig anstecken, hieß es aus der Regierung stets. Wochenlang kampagnisierten die Roten gegen Köstinger und ihre Entscheidung, doch die Türkise blieb konsequent bei ihrem Nein.

Dass ihr Verhältnis zur Sozialdemokratie nicht das allerbeste ist, schadet Köstinger nicht sonderlich: Eine Koalition der Kurz-ÖVP mit der SPÖ ist, trotz aller Volatilität der aktuellen Politik, in näherer Zukunft schier unvorstellbar. Genauso unvorstellbar wie eine türkise Truppe ohne ihr weibliches Gesicht, Elisabeth Köstinger.

JOHANNA MIKL-LEITNER ...

... geboren 1964, ist Landeshauptfrau mit absoluter Mehrheit in Niederösterreich und die wichtigste Säule der türkisen
Machtbasis in den Ländern. Sie war einst Chefin von Sebastian Kurz und ist zentraler Knotenpunkt im türkisen Netzwerk.

DIE LÄNDERBASIS RUND
UM JOHANNA MIKL-LEITNER

Gäbe es für ÖVP-Mitglieder eine Steuer auf den Satz »Sebastian Kurz ist so ein guter Zuhörer!«, die Republik müsste sich für viele Jahre keine Sorgen um ein ausgeglichenes
Budget machen. Der Kanzler schafft es immer noch, jedem
seiner Gesprächspartner das wertschätzende Gefühl zu vermitteln, ein essentieller Ratgeber zu sein. »Der Sebastian«,
erzählte ein Landeshauptmann einmal hinter vorgehaltener Hand anerkennend, »bindet uns viel mehr ein als die
Parteichefs vor ihm«. Nachsatz: »Er macht die Dinge dann
meistens zwar eh so, wie er sie machen wollte, aber wenigs-
tens fragt er vorher.«

Der Ausspruch bringt auf den Punkt, wie die Türkisen
um Kurz die Schwarzen in den Ländern im Griff haben: bestimmt, aber mit maximaler Wertschätzung. Kurz umgarnt
die Landeshauptleute und leistet ihnen wo immer es geht
Wahlkampfhilfe. Er muss aufgrund seines Erfolgs (Umfra-

gen sahen die ÖVP Anfang April bei mehr als vierzig Prozent) aber nicht wie so viele Parteiobleute vor ihm nach ihrer Pfeife tanzen. Wie stark sein Standing in der Runde der Landeschefs ist, wurde nicht zuletzt in der Corona-Krise offenbar, als es um die rasche Umsetzung restriktiver Freiheitseinschränkungen zur Eindämmung des Virus ging: So mancher ÖVP-Landeschef soll angesichts der geringen Fallzahl die massiven Maßnahmen wie Schulschließungen und Ausgangsbeschränkungen anfangs noch abgelehnt haben, dennoch konnte Kurz sie relativ früh davon überzeugen.

Sein Länder-Netzwerk hegt und pflegt Kurz mit eiserner Disziplin. Jeden der mächtigen Föderalisten ruft er mindestens einmal pro Woche an, um zu plaudern und das Gefühl von echter Teilhabe zu vermitteln. Mindestens an einem Tag in der Woche tuckert er raus aus Wien »in die Bundesländer«, wie Kurz das Land außerhalb der Hauptstadt nennt (Wien zählt in seiner Diktion offenbar nicht zu den »Bundesländern«), um an der Seite der Landeshauptleute aufzutreten. Verlangt es die Themenlage, konferiert er überhaupt öfter als einmal pro Woche mit ihnen, am Tag nach Erscheinen des Ibiza-Videos etwa sprach er mehrmals mit den schwarzen Landesfürsten darüber, wie es jetzt weitergehen könnte – mit Johanna Mikl-Leitner gleich vier oder fünf Mal.

Das ist gerade in ihrem Fall kein Zufall. Die niederösterreichische Landeshauptfrau ist unter der Riege der sechs schwarzen Landeshauptleute, die eine tragende Säule der politischen Machtbasis des Sebastian Kurz sind, die mit Abstand wichtigste Verbündete. Manch einer neigt zwar dazu, Mikl-Leitner aufgrund ihrer lockeren und jovialen Art zu unterschätzen – doch hinter ihr steht mit der niederösterreichischen ÖVP die mächtigste Landesorganisation der Volkspartei. Für Kurz setzt Mikl-Leitner diese Macht zuweilen auch in der Runde der Landeshauptleute ein: Noch bevor er mit (ohnehin leisem) Länder-Murren über mangelnde Berücksichtigung in Personalentscheidungen oder anderen Machtfragen konfrontiert werden könnte, wirbt Mikl-Leitner meist schon vorab für die Kurz-Anliegen, um die Runde der Landeshauptleute auf Linie zu bringen. So auch bei den Regierungsbildungen der Jahre 2017 und 2019, heißt es.

Die frühere Lehrerin hat Kurz schon immer gefördert: Als Kurz 2011 Staatssekretär wurde, stieg Mikl-Leitner zur Innenministerin auf – oder besser gesagt um, denn es soll nicht ihr allergrößter Wunsch gewesen sein, aus der niederösterreichischen Landesregierung in die Wiener Herrengasse zu übersiedeln. Richtig in Kontakt mit der niederösterreichischen ÖVP, die im Innenressort auch damals schon stark vertreten war, kam Mikl-Leitner erstmals 1992, als sie für Erwin Pröll um Vorzugsstimmen warb. Mitte der 1990er stieg sie auf zur Marketing-Chefin der Landespartei, 1998 wurde die spätere Abgeordnete und Ministerin schließlich deren Geschäftsführerin.

Als Innenministerin war Mikl-Leitner de facto die erste Chefin von Kurz, schließlich war sein Integrationsstaatssekretariat in ihrem Ressort angesiedelt. Und anstatt Kurz wie andere Parteikollegen erst einmal auf Distanz zu halten, förderte sie den Jungspund. Wie sie das gemacht hat? »Sie ließ ihn leben«, sagen Zeitzeugen über die Frau, die neben Michael Spindelegger die größte Förderin des Sebastian Kurz war. Üblicherweise überlassen Minister ihren Staatssekretären kleinere Themen oder Vertretungen, Mikl-Leitner allerdings gab Kurz eine Bühne. Warum sie das getan hat? »Ich habe innerhalb kurzer Zeit erkannt, dass er das trotz seiner Jugend alles schafft. Er gehört ja angenehmerweise zur Kategorie der nicht beratungsresistenten Politiker und umgab sich damals schon mit Menschen, die Expertise in bestimmten Bereichen haben«, sagt die ÖVP-Frau heute.

Fördern, das hieß für Mikl-Leitner, ihn zu Terminen mitzunehmen und in der Partei für ihn zu werben. Vor allem aber half sie ihm im von Niederösterreichern dominierten Ministerium. Noch in den ersten Wochen nach ihrem Einzug ins Ressort in der Wiener Herrengasse ordnete Mikl-Leitner allen ranghohen Mitarbeitern des Hauses an, dass die Wünsche des 24-Jährigen genauso ernst zu nehmen seien wie die ihren. Nicht zuletzt überließ sie ihm die angenehmen Themen des Ministeriums: »Für mich war klar, dass das nur funktionieren kann, wenn es eine Aufgabenteilung gibt. Integration – also das Positiv-Thema – lag bei ihm, alles andere bei mir.« Mit »alles andere« meint sie harte Brocken wie Grenzschutz, Asyl oder Kriminalität, die Kurz allesamt nicht zu bearbeiten oder zu kommentieren brauchte.

In den ersten Jahren von Kurz beließen sie es bei dieser Aufteilung: Kurz durfte sich als freundlicher Integrationspolitiker inszenieren, während Mikl-Leitner als Frau fürs Grobe die Flanke zu den Freiheitlichen abdeckte. Heute mag es umgekehrt sein – Mikl-Leitner ist die freundliche Landesmutter, Kurz der Kanzler mit dem beinharten Migrationskurs – die Achse der beiden blieb aber trotz des Rollentausches bestehen. Nicht zuletzt, weil Mikl-Leitner einer der Knotenpunkte im Kurz-Netzwerk ist. Sie entdeckte Philipp Maderthaner, sie arbeitete mit Gerald Fleischmann und Stefan Steiner, sie spielte bei den Aufstiegen der Herren August Wöginger und Karl Nehammer entscheidende Rollen. Wöginger, den sie mit Kurz überhaupt erst richtig vernetzt hat, lernte sie einst im ÖVP-Parlamentsklub kennen, machte ihn zum ÖAAB-Generalsekretär und befand ihn später auch für tauglich, den schwarzen Arbeitnehmerbund nach ihr zu leiten. Dass der in Niederösterreich politisch sozialisierte Wiener Nehammer hernach Wögingers Generalsekretär wurde, geschah ebenfalls auf Anraten Johanna Mikl-Leitners. Auch für ihre Freundin Margarete Schramböck soll Mikl-Leitner einst ein gutes Wort eingelegt haben, bevor diese 2017 Wirtschaftsministerin wurde.

Neben Mikl-Leitner sind es vor allem drei Landeschefs, die die Machtbasis des jungen Kanzlers bilden: der Salzburger Wilfried Haslauer, der Steirer Hermann Schützenhöfer und der in der Corona-Krise wegen vermeintlich zögerlichen Handelns rund um die Virus-Drehscheibe Ischgl schwer unter Druck gekommene Tiroler Günther Platter. Die engen Bande zwischen Kurz und Haslauer wurden erstmals sichtbar, als Kurz mit ihm und Elisabeth Köstinger an der Seite im Jahr 2017 vor allen Kameras zu Fuß zur Politischen Akademie der ÖVP schritt, um die Partei in einer entscheidenden Vorstandssitzung als Chef zu übernehmen. Kurz ging es, das weiß auch Haslauer, um das Bild, das dabei entstand: Er wollte eine junge Frau als Symbol für die Erneuerung an seiner Seite und einen Mann, der für den Rückhalt des Partei-Establishments stand. Mit Haslauer, dessen Vater schon schwarzer Landeshauptmann war, telefoniert Kurz auch heute noch regelmäßig, hie und da gehen die beiden auch essen oder etwas trinken. Am Tag nach Ibiza gehörte der Salzburger Großbürger und Ex-Anwalt, der mindestens einmal ein Ministeramt abgelehnt hat, zu den am häufigsten Konsultierten: Kurz telefonierte drei- oder viermal mit Haslauer, um nach dessen Meinung zu fragen und weitere Schritte anzukündigen. Querschüsse sind von Haslauer fürderhin nicht zu erwarten: »Sebastian Kurz hat erreicht«, lobt der Salzburger, »das Auseinanderklaffen an Meinungen in der Partei zu verhindern. Oft wurden in Wien – sei es in der Partei oder in der Regierung

– Dinge beschlossen, über die wir keine Vorab-Information bekommen haben und dementsprechend überrascht waren«, sagt er. »Da hat es dann natürlich eine gewisse Meinungsvielfalt gegeben.« Und das sei, so Haslauer, »für eine professionelle Außendarstellung nicht gut«.

Platter und Schützenhöfer sind nicht minder loyal und vor allem deshalb wichtige Machtfaktoren für Kurz, weil sie mittlerweile zu den dienstälteren ÖVP-Landeschefs zählen. Nicht gerade zum Nachteil für Kurz fand in den vergangenen Jahren ein Generationenwechsel in der Riege der mächtigen Landeschefs statt, Kaliber wie Erwin Pröll oder Josef Pühringer übergaben zuletzt an jüngere Kurz-Verbündete wie etwa Oberösterreichs Landeshauptmann Thomas Stelzer oder eben Mikl-Leitner. Bei den einstmals für schwarze Parteichefs unberechenbaren ÖVP-Bünden gab es ähnliche Entwicklungen – von ÖVP-Frauenbund-Chefin Juliane-Bogner-Strauß über Wirtschaftsbund-Boss Harald Mahrer bis hin zu erwähntem ÖAAB-Vorsitzenden Wöginger.

Und Nachschub für die Machtbasis in Land und Bünden ist garantiert. Ein Beispiel: Stefan Schnöll, ein enger Kurz-Freund und Wegbegleiter der ersten Stunde, ist seit 2018 Verkehrslandesrat in Salzburg. Der einstige Landesliga-Kicker Schnöll stieß schon über die Wiener JVP zur Partie um Kurz, Axel Melchior und Gernot Blümel, als er für sein Jusstudium in die Hauptstadt zog. Zu Ostern wird gemeinsam geurlaubt, überhaupt steht Schnöll im stetigen Kontakt mit Kurz, Melchior oder anderen Obertürkisen. Bis 2017 war er Kurz' Generalsekretär in der Jungen ÖVP, mit dem Einzug seines Kumpels ins Kanzleramt übernahm Schnöll die JVP als Chef.

Was für eine Schubumkehr in der ÖVP: Während früher Vasallen der Landeschefs zahlreich in Bundesregierungen saßen, ist es nun in manchen Fällen umgekehrt. Und Schnöll wird nicht der letzte sein.

EPILOG

Ob man ihn gut findet oder nicht, langweilig oder faszinierend, Freund oder Feind seiner Politik ist – eines kann man Sebastian Kurz nicht absprechen, ganz gleich, wie man zu ihm steht: Er hat ein neues politisches System in Österreich geschaffen. Und er ist damit extrem erfolgreich.

Das Zauberwort im türkisen System lautet Kontrolle. Die Struktur der ÖVP ist so straff wie wohl noch nie, ohne die schwarzen Wurzeln abzuschneiden, etablierte die Kurz-Partei einen türkisen »Vorstand« an der Parteispitze als Macht- und Kommunikationszentrale. In den von politischen Quereinsteigern durchsetzten Regierungs- und Abgeordnetenbänken hört alles auf das Kommando von Sebastian Kurz und seinem Zirkel. Partei und Regierung werden geführt wie ein Unternehmen, entschieden wird an der Spitze und die oberste Maxime in puncto Kommunikation ist der absolute Gleichklang.

Getragen wird das System von einer kleinen, hochprofessionellen und grenzenlos loyalen Gruppe junger Konservativer, die mit Kurz an die Schalthebel der Macht vorrückte. Jeder kennt seinen Platz und seine Aufgabe seit Jahren, selbst in heiklen Situationen à la Asylkrise, Mitterlehner-Rücktritt oder Ibiza-Affäre funktionierte die Mannschaft um Kurz, Steiner und Fleischmann wie ein Uhrwerk.

Wider alle Vorurteile ist das keine ideologiebefreite Buberl-Partei, sondern eine teils erzkonservative Truppe mit politischen Hardlinern, die für ihr Alter fast alle ein überaus traditionelles Familienleben mit vielen Kindern führen und der Kirche teils stark verbunden sind. Ihre große inhaltliche Klammer ist die Ablehnung einer Koalition mit der SPÖ und einer politischen Dialektik, die nach dem Sozialpartner-Instanzenzug allenfalls verwässerte Kompromisse erlaubt. Die SPÖ, das ist für die vom rot-schwarzen Hickhack der 2010er-Jahre geprägte Kurz-Truppe der Hauptgegner, den es von möglichst vielen Schalthebeln zu verdrängen gilt. So zielt auch türkise Politik unter anderem darauf ab, den Roten das Wasser abzugraben. Unter Kurz wurde die ÖVP »sozialer«, sie setzt bewusst auf die Entlastung von Kleinpensionisten und Geringverdienern, während auf der anderen Seite die Wirtschaft mit Deregulierungen dafür entschädigt werden soll. Die Strategie scheint aufzugehen, denn mit ihrem altbekannten Vorwurf der »sozialen Kälte« scheint die SPÖ den Türkisen zumindest bisher keinen großen Schaden zufügen zu können.

Wie dynamisch die Kurz-Truppe, die selbst von einer Koalition mit der rechten FPÖ fliegend zu einer mit den linken Grünen wechseln konnte, in zentralen Richtungsfragen ist, bewies sie in der Corona-Krise einmal mehr eindrücklich. Als es nötig wurde, holten die Türkisen plötzlich die zweieinhalb Jahre lang bestenfalls links liegen gelassene Gewerkschaft ins Boot und setzten auf die verstaubte Sozialpartnerschaft. Gernot Blümel etwa wechselte quasi über

Nacht vom eisernen Nulldefizit-Minister zu einem Finanzminister, der Schulden in Milliardenhöhe in Kauf nimmt, um Arbeitsplätze zu retten. Diskutiert musste in der ÖVP über diese monumentalen Kurswechsel nicht lange werden, auch nicht über die schneller als in anderen Staaten verordneten Restriktionen wie etwa Versammlungsverbot und Ausgangsbeschränkungen.

Jetzt wird sich zeigen, wie krisenfest dieses türkise System, das die politische Kommunikation so meisterhaft beherrscht, wirklich ist.

Denn die verschworene Kurz-Truppe befindet sich gemeinsam mit allen Institutionen der Republik inmitten einer ultimativen Bewährungsprobe namens Corona-Krise.

Allein in den ersten Wochen verloren hunderttausende Österreicher durch die Isolationsmaßnahmen ihre Jobs, bereits Anfang April verzeichnete die Republik die höchste Arbeitslosigkeit seit dem Jahr 1946. Und zum Zeitpunkt der Fertigstellung dieses Buches war angesichts des internationalen Lockdowns von verheerenden Entwicklungen in der globalen Wirtschaft auszugehen. Ganz zu schweigen von den direkten Opfern des Virus und den möglicherweise schwerwiegenden gesellschaftspolitischen Folgen, die eine lange Zeit der De-facto-Ausgangssperren nach sich zieht. Es besteht kein Zweifel: Es gab schon lange keine Politikergeneration mehr, die vor plötzlich auftauchenden Herausforderungen dieser Dimension stand.

Es wird vor allem eine Frage der politischen Führung sein, wie Österreich durch diese womöglich schwerste Krise seit dem Zweiten Weltkrieg kommt und wie hernach der wirtschaftliche und gesellschaftliche Wiederaufbau des Landes gelingt – oder eben nicht.

Daran könnten auch die Türkisen scheitern, wiewohl sie laut Umfragen nach den ersten Corona-Wochen gar an der absoluten Mehrheit kratzten. Sollte die vom Kurz-Machtzirkel angeführte Koalition mit den Grünen die Corona-Krise auch langfristig gut überstehen, bliebe eigentlich nur noch eine Frage: Was soll die noch umhauen?